UTB **2910**

Eine Arbeitsgemeinschaft der Verlage

Böhlau Verlag · Wien · Köln · Weimar
Verlag Barbara Budrich · Opladen · Toronto
facultas.wuv · Wien
Wilhelm Fink · München
A. Francke Verlag · Tübingen und Basel
Haupt Verlag · Bern
Verlag Julius Klinkhardt · Bad Heilbrunn
Mohr Siebeck · Tübingen
Nomos Verlagsgesellschaft · Baden-Baden
Ernst Reinhardt Verlag · München · Basel
Ferdinand Schöningh · Paderborn · München · Wien · Zürich
Eugen Ulmer Verlag · Stuttgart
UVK Verlagsgesellschaft · Konstanz, mit UVK/Lucius · München
Vandenhoeck & Ruprecht · Göttingen · Bristol
vdf Hochschulverlag AG an der ETH Zürich

Barbara Fuß

Neutestamentliches Griechisch

Ein Lernbuch zu Wortschatz und Formenlehre

2., korrigierte und ergänzte Auflage

Mohr Siebeck

Barbara Fuß, Studium der katholischen Theologie an der Ludwig-Maximilians-Universität München; 1999 Promotion; Akademische Oberrätin für biblische Sprachen an der Katholisch-Theologischen Fakultät der Universität Tübingen.

1. Auflage (2007)
2., korrigierte und ergänzte Auflage (2013)

ISBN 978-3-8252-3975-6 (UTB)
ISBN 978-3-16-152631-2 (Mohr Siebeck)

Die Deutsche Nationalbibliothek verzeichnet diese Publikation in der Deutschen Nationalbibliographie; detaillierte bibliographische Daten sind im Internet über *http://dnb.dnb.de* abrufbar.

© 2013   Mohr Siebeck Tübingen. www.mohr.de

Das Werk einschließlich aller seiner Teile ist urheberrechtlich geschützt. Jede Verwertung außerhalb der engen Grenzen des Urheberrechtsgesetzes ist ohne Zustimmung des Verlags unzulässig und strafbar. Das gilt insbesondere für Vervielfältigungen, Übersetzungen, Mikroverfilmungen und die Einspeicherung und Verarbeitung in elektronischen Systemen.

Das Buch wurde von Gulde-Druck in Tübingen auf alterungsbeständiges Werkdruckpapier gedruckt und gebunden.

Vorwort

Das vorliegende Lernbuch will das Vokabular und die Formenlehre des neutestamentlichen Griechisch auf möglichst kompakte, übersichtliche und benutzerfreundliche Weise darbieten – als Ergänzung zu einem Lehrbuch, als Begleitung für den Griechischunterricht und als Hilfe zum Selbststudium.

Das Vokabular und die Formen des neutestamentlichen Griechisch sind in aufeinander bezogenen Doppelseiten (Lerneinheiten) angelegt;[1] Sinn dieser Anordnung ist es, das sukzessive und *gleichzeitige* Lernen sowohl des Wortschatzes als auch der grammatikalischen Formen zu ermöglichen, so dass nicht ein Gebiet zugunsten des anderen vernachlässigt wird.[2]

Das Vokabular umfasst alle Wörter des griechischen Neuen Testaments, die zehnmal und häufiger vorkommen (ergänzt um weitere theologisch bedeutsame, für einzelne neutestamentliche Autoren charakteristische oder einfach für die Beispielsätze notwendige Wörter). Die Vokabeln sind grundsätzlich nach der Häufigkeit ihres Vorkommens im Neuen Testament geordnet. Die Zuordnung einzelner Wörter zu Grammatikthemen und die Zusammenstellung von stamm- oder sinnverwandten Wörtern sind aber gegebenenfalls vorrangige Ordnungskriterien. Den Vokabeln sind die grundlegenden Bedeutungen beigegeben (in der Hauptsache nach der 6. Auflage [1988] des Griechisch-Deutschen Wörterbuchs von W. Bauer – K. und B. Aland), nach Möglichkeit höchstens drei. Die semantische Bandbreite eines Begriffs zur Gänze abzudecken, ist nicht Ziel dieses Buches.

Die Grammatiktafeln bieten eine Übersicht über die gesamte neutestamentliche Formenlehre, ohne jedoch auf sämtliche Details und Ausnahmeformen einzugehen. Dem grammatischen Stoff sind diejenigen Erläuterungen beigegeben, die zum Verstehen des Dargebotenen unerlässlich sind oder eine Hilfe zum leichteren Einprägen darstellen. Für alles weitere ist eine Grammatik des neutestamentlichen Griechisch zu Rate zu ziehen.

Die Verweise auf verwandte Wörter in der rechten Spalte der Vokabelseiten sollen es erleichtern, sich Wörter in Familien bzw. Gruppen

---

[1] Die Vokabelseite ist die jeweils linke, die Grammatikseite die jeweils rechte Hälfte einer doppelseitigen Lerneinheit (L).

[2] Ein Pfeil (▶) auf der Vokabelseite zeigt gegebenenfalls diejenigen Wörter oder Wortgruppen an, die auf der zugehörigen Grammatikseite verwendet werden.

einzuprägen. Die Beispielsätze[3] am selben Ort und die Beispielsätze mit deutscher Übersetzung auf einigen Grammatikseiten demonstrieren neutestamentliche Anwendungen des Vokabulars und der dargebotenen grammatikalischen Phänomene.

Mein Dank gilt allen, die Korrektur gelesen und wertvolle Hinweise gegeben haben: Herrn Prof. Dr. theol. Lothar Wehr (Eichstätt), Herrn OStR i. H. Manfred Krzok (Evangelisch-Theologische Fakultät Tübingen), Frau Dipl. Theol. Juliane Kutter, Frau Dipl. Theol. Ursula Hepperle MA sowie Herrn stud. theol. Predrag Bukovec und allen Studentinnen und Studenten in meinen Griechischkursen an der Universität Tübingen, die die Entstehung dieses Lernbuchs mit ihren Fragen und Wünschen, mit Anregungen, Kritik und der Bereitschaft, sich als „Versuchskaninchen" zur Verfügung zu stellen, von Anfang an begleitet haben.

Tübingen, im November 2006   Barbara Fuß

Für die 2. Auflage wurden Fehler und Versehen korrigiert sowie kleinere Umstellungen, Änderungen und Ergänzungen vorgenommen.

Tübingen, im Januar 2013   Barbara Fuß

---

[3] Die nicht übersetzten Beispielsätze können anhand der Stellenangaben problemlos in einer Übersetzung des Neuen Testaments nachgeschlagen werden.

Inhaltsverzeichnis

Themenübersicht L 1–70 VII
Abkürzungen X

Schrift und Lautung 1
Lerneinheiten L 1–70 7

Alphabetisches Register 147
Verzeichnis der Wortfamilien und
Zusammenstellungen von Komposita 158
Verzeichnis der Bibelstellen 159
Literaturhinweise zur Vertiefung 161

Themenübersicht L 1–70

I. Verben
II. Substantive, Eigennamen
III. Adjektive
IV. Pronomen
V. Präpositionen
VI. Adverbien, Konjunktionen, Zahlwörter, Interjektionen

L	I. Verb	II. Substantiv	III. – VI.	Seite
1			Artikel	7
2		O-Deklination		8 f
3		A-Deklination		10 f
4		Eigennamen O- und A-Dekl.		12 f
5			Adjektive O- und A-Dekl.	14 f
6	Präsens Aktiv			16 f

L	I. Verb	II. Substantiv	III. – VI.	Seite
7	Präsens εἰμί		Personalpronomen	18 f
8			Demonstrativpronomen I	20 f
9			Demonstrativpronomen II	22 f
10	Präsens Medium / Passiv			24 f
11	Verba contracta I: -έω			26 f
12	Verba contracta II: -άω			28 f
13	Verba contracta III: -όω			30 f
14		Konsonantische Deklination I	Übersicht Präpositionen	32 f
15		Kons. Dekl. II		34 f
16		Kons. Dekl. III		36 f
17			Adjektive μέγας, πολύς	38 f
18			Interrogativ-, Indefinitpron.	40 f
19			πᾶς, εἷς	42 f
20	Futur			44 f
21	Futur und Imperativ εἰμί			46 f
22			Possessivadj., Relativpron.	48 f
23		Kons. Dekl. IV		50 f
24		Kons. Dekl. V		52 f
25	Schwacher Aorist I			54 f
26	Schwacher Aorist II			56 f
27			Reflexivpron.	58 f
28			Reziprokpron.	60 f
29	Ptz. εἰμί, Ptz. Präsens I			62 f
30	Ptz. Präsens II			64 f
31	Ptz. Schwacher Aorist			66 f
32			Adverb	68 f
33	Imperfekt			70 f
34	Imperfekt Verba contracta			72 f
35			Komparation I	74 f
36			Komparation II	76 f

L	I. Verb	II. Substantiv	III. – VI.	Seite
37	Starker Aorist I			78 f
38	Starker Aorist II			80 f
39	Starker Aorist III			82 f
40		Vokativ		84 f
41	Konjunktiv εἰμί, Konj. Präsens			86 f
42	Konj. Verba contracta			88 f
43	Konj. Aorist			90 f
44	Schwaches Perfekt I			92 f
45	Schwaches Perfekt II			94 f
46	Schwaches Perfekt III			96 f
47	Starkes Perfekt			98 f
48	Plusquamperfekt			100 f
49	Stammformenreihe			102 f
50	οἶδα			104 f
51	Verba muta			106 f
52	Verba liquida			108 f
53	Kontrahiertes Futur			110 f
54	Wurzelaorist I			112 f
55	Wurzelaorist II			114 f
56	Athematische Konjugation I			116 f
57	Athemat. Konjugation II			118 f
58	Athemat. Konjugation III			120 f
59	Athemat. Konjugation IV			122 f
60	Athemat. Konjugation V			124 f
61	Athemat. Konjugation VI Wurzelaorist III			126 f
62	Athemat. Konjugation VII			128 f
63	Athemat. Konjugation VIII			130 f
64	Athemat. Konjugation IX			132 f
65	Wurzelpräsens I			134 f
66	Wurzelpräsens II			136 f
67	Optativ			138 f
68			Zahlen I	140 f
69			Zahlen II	142 f
70	Übersicht Formbildung			144 f

Abkürzungen

Die Abkürzungen der biblischen Bücher und die Schreibung der Eigennamen richten sich nach der Einheitsübersetzung.

<	entstanden aus	klass.	klassisch(es Griechisch)
§	Grammatikseite		
1	1. Person	Konj.	Konjunktiv
2	2. Person	kons.	konsonantisch(e)
3	3. Person	L	Lerneinheit
A	Akkusativ	lat.	lateinisch
AcI	Accusativus cum Infinitivo	m.	maskulinum
		Med.	Medium
AcP	Accusativus cum Participio	N	Nominativ
		n.	neutrum
Adj.	Adjektiv	ntl.	neutestamentlich(e)
Akt.	Aktiv	Opt.	Optativ
akt.	aktivisch(e)	par	Parallele / Parallelstelle
Aor.	Aorist		
Art.	Artikel	parr	Parallelen / Parallelstellen
athemat.	athematisch(e)		
Bed.	Bedeutung	Pass.	Passiv
D	Dativ	Perf.	Perfekt
Dekl.	Deklination	Pl.	Plural
Dep.	Deponens	Plqperf.	Plusquamperfekt
EN	Eigenname	Präp.	Präposition
End.	Endung(en)	Präs.	Präsens
enkl.	enklitisch	Pron.	Pronomen
f / ff	folgender / folgende	Ps.	Person
f.	femininum	Ptz.	Partizip
Fut.	Futur	rhetor.	rhetorisch(en)
G	Genitiv	Sgl.	Singular
GenAbs	Genitivus absolutus	Syn	Synoptiker
hebr.	hebräisch	trans.	transitiv
Imp.	Imperativ	Ü	Übersetzung
Impf.	Imperfekt	uneig.	uneigentlich(e)
Ind.	Indikativ	V	Vokativ
indekl.	indeklinabel	Vok.	Vokal
Inf.	Infinitiv	W.	Wortstellung
intrans.	intransitiv	Zit.	Zitat

Schrift und Lautung

I. Alphabet

Minuskel[4]	Majuskel[5]	Name		Umschrift	Lautung*
α	Α	ἄλφα	Alpha	a	ă, ā
β	Β	βῆτα	Beta	b	b
γ	Γ	γάμμα	Gamma	g	g
δ	Δ	δέλτα	Delta	d	d
ε	Ε	ἒ ψιλόν	Epsilon	e	ĕ
ζ	Ζ	ζῆτα	Zeta	z	ds
η	Η	ἦτα	Eta	e, ä	ä
θ	Θ	θῆτα	Theta	th	t
ι	Ι	ἰῶτα	Iota	i	ĭ, ī
κ	Κ	κάππα	Kappa	k	k
λ	Λ	λάμβδα	Lambda	l	l
μ	Μ	μῦ	My	m	m
ν	Ν	νῦ	Ny	n	n
ξ	Ξ	ξῖ	Xi	x	ks
ο	Ο	ὂ μικρόν	Omikron	o	ŏ
π	Π	πῖ	Pi	p	p
ῥ, ρ	Ρ	ῥῶ	Rho	r	r
σ, ς	Σ	σῖγμα	Sigma	s	s
τ	Τ	ταῦ	Tau	t	t
υ	Υ	ὒ ψιλόν	Ypsilon	y	ü, ǖ
φ	Φ	φῖ	Phi	ph	f
χ	Χ	χῖ	Chi	ch	ch
ψ	Ψ	ψῖ	Psi	ps	ps
ω	Ω	ὦ μέγα	Omega	o	ō

*Lautung hier und im Folgenden nach der deutschen Schulaussprache

ἒ ψιλόν	=	„einfaches e"	ὒ ψιλόν	=	„einfaches y"
ὂ μικρόν	=	„kleines o"	ὦ μέγα	=	„großes o"

---

[4] Minuskel = Kleinbuchstabe
[5] Majuskel = Großbuchstabe

▶ γ vor γ, κ, ξ, χ wird gesprochen wie [n], z. B. ἄγγελος – vgl. dt. Engel; σφίγξ – Sphinx.
▶ ῥ besitzt am Wortanfang immer den Spiritus asper (s. III.), z. B. ῥυθμός – vgl. dt. **Rhythmus**.
▶ σ steht am Anfang und innerhalb eines Wortes, ς am Wortende, vgl. σεισμός.

Die alten Halbvokale Digamma (Doppelgamma; Buchstabe Ϝ; Lautwert wie *engl.* [w]) und Jot (j) sind schon früh geschwunden, aber bei einigen Worten bzw. Wortformen noch zu erschließen, vgl. L 23 f.

II. Diphthonge (Doppellaute)

	ι-Diphthonge	*Lautung wie:*	υ-Diphthonge	*Lautung wie:*
α +	αι	Mai	αυ	Maus
ε +	ει	*engl.* play	ευ	heute
ο +	οι	Mäuse	ου	*frz.* toujours [ū]
υ +	υι	*frz.* pluie		
η +			ηυ	heute

▶ Uneigentliche Diphthonge sind die Verbindungen der Langvokale α, η, ω mit (nicht mehr hörbarem) ι:
→ bei Kleinbuchstaben mit Iota subscriptum („daruntergeschriebenes Iota"): ᾳ ῃ ῳ
→ bei Großbuchstaben mit Iota adscriptum („dazugeschriebenes Iota"): Αι Ηι Ωι

▶ Diphthonge sind immer lang!
↔ Die (Nominal-) Endungen -οι und -αι gelten für den Akzent als kurz.

III. Spiritus (Hauchzeichen)

Jeder Vokal (oder Diphthong) am *Anfang* eines Wortes besitzt im Griechischen ein Hauchzeichen, den „Spiritus" (*lat.* spirare = hauchen), der beim Kleinbuchstaben *auf* dem Vokal, beim Großbuchstaben *vor* dem Vokal und beim Diphthong auf dem *zweiten* der beiden Vokale steht.[6]

---

[6] Zum Spiritus asper beim ῥ s. I.

Schrift und Lautung 3

ἁ Ἁ αἱ → **Spiritus asper** („rauer Hauch"), gesprochen als [h] vor dem zugehörigen Vokal, z. B. ἁρμονία – vgl. *dt.* **H**armonie.

ἀ Ἀ αἰ → **Spiritus lenis** („sanfter Hauch"), nicht als Behauchung bzw. [h] gesprochen; der Spiritus lenis entspricht im Deutschen dem Knacklaut beim Ansatz zum Sprechen eines Vokals, z. B. ἀποθήκη – vgl. *dt.* **A**potheke; b**e**enden; v**e**reisen ↔ ver**r**eisen.

IV. Akzente und Trema; Atona

Akzente

Ursprünglich waren die Akzente musikalische, die relative Tonhöhe angebende Zeichen. Jetzt zeigen sie die *betonte* Silbe eines Wortes an. Abgesehen von einigen wenigen tonlosen Wörtern (Atona, s. u.) besitzt jedes Wort einen Akzent.

ά Ά → **Akut**, kann bei kurzen und langen Lauten stehen, z. B. δέλτα, ὥστε.

ὰ → **Gravis**, kann auf kurzen und langen Lauten stehen, aber nur auf der letzten Silbe eines Wortes.

ᾶ Α͂ → **Zirkumflex**, kann nur bei langen Lauten stehen, z. B. ἦτα, δοῦλος.

▶ Beim Zusammentreffen von Spiritus und Akzent auf demselben Vokal
→ steht der Spiritus bei Akut und Gravis *voran*: ἄ ἂ Ἄ,
→ steht der Spiritus beim Zirkumflex *unterhalb* des Akzents: ἆ Ἆ.

▶ Bei Diphthongen stehen Spiritus und Akzent bzw. die Kombination aus beiden auf dem *zweiten* der beiden Vokale, auch am Wortanfang: αἴ αἶ Αἴ Αἶ.

Trema (Trennungszeichen)

Sollen zwei Vokale, die sonst einen Diphthong ergäben, getrennt gesprochen werden, steht über dem *zweiten* Vokal ein Trema: Μωϋσῆς – Mose (vgl. *frz.* Noël).

Atona (tonlose Wörter)

Nur zehn Wörter haben im Griechischen *keinen* Akzent:
▶ die Verneinungspartikel οὐ („nicht");
▶ die beiden Konjunktionen εἰ („wenn") und ὡς („wie");

- ▶ die drei Präpositionen εἰς („in... hinein"), ἐκ („aus... heraus") und ἐν („in");
- ▶ vier Formen des Artikels: ὁ (N Sgl. m.), ἡ (N Sgl. f.), οἱ (N Pl. m.) und αἱ (N Pl. f.).

V. Akzentregeln

Nur die letzten drei Silben eines Wortes können durch Akzent betont sein:

Silbe	mögliche Akzente		
letzte Silbe	Akut	Zirkumflex	Gravis
vorletzte Silbe	Akut	Zirkumflex	
drittletzte Silbe	Akut		

z. B.	*Akut*	*Zirkumflex*	*Gravis*
letzte Silbe	υἱός	γῆ	υἱὸς θεοῦ
vorletzte Silbe	λόγος	δοῦλος	
drittletzte Silbe	ἄνθρωπος		

- ▶ Der **Akut** kann auf jeder der drei letzten Silben stehen,
- → auf der drittletzten Silbe nur, wenn die letzte Silbe kurz ist, z. B. ἄνθρωπος;
- → auf einer *langen* vorletzten Silbe nur, wenn auch die letzte lang ist, z. B. ἀνθρώπου.
- ▶ Der **Zirkumflex** kann auf einer der beiden letzten Silben stehen,
- → auf einer vorletzten Silbe nur, wenn die letzte Silbe kurz ist, z. B. δοῦλος.
- ▶ Der **Gravis** kann nur auf der letzten Silbe stehen,
- → statt eines Akuts in endbetonten Wörtern innerhalb eines Satzes (wenn nicht unmittelbar ein Satzeichen oder Enklitikon[7] folgt), z. B. υἱὸς θεοῦ ↔ υἱός.
- ▶ Ein Akut auf der drittletzten Silbe oder ein Zirkumflex auf der vorletzten Silbe werden zum Akut auf der vorletzten Silbe, wenn die letzte Silbe lang wird, z. B. ἄνθρωπος → ἀνθρώπου; δοῦλος → δούλου.

---

[7] Enklitikon (*Adjektiv*: enklitisch): Wort, das sich eng an das vorhergehende Wort anlehnt und mit ihm eine Toneinheit bildet (*griech.* ἡ ἔγκλισις = Neigung).

→ In der *Nominalflexion* bleibt der Akzent in der Regel möglichst auf der Tonsilbe des Nominativs Singular; die Endungen -οι und -αι gelten dabei als kurz.

→ Beim (finiten[8]) *Verb* steht der Akzent in der Regel so weit vorn wie möglich.

VI. Apostroph und Koronis

▶ Der **Apostroph** zeigt die Ausstoßung (Elision) eines (kurzen) Endvokals an, z. B. ἀπ' ἀρχῆς statt ἀπὸ ἀρχῆς.

▶ Die **Koronis** steht über einem Vokal im Wortinneren; sie zeigt an, dass zwei Wörter über vokalischen Auslaut einerseits und vokalischen Anlaut andererseits zu einem Wort verschmolzen wurden (→ **Krasis**, „Mischung"), z. B. κἀγώ statt καὶ ἐγώ (vgl. auch L 21, 32, 43).

→ Apostroph und Koronis haben dieselbe Form wie der Spiritus lenis.

VII. Satzzeichen

griechisch	.	,	·	;
deutsch	. oder !	,	; oder :	?

---

[8] Finite Verbform: Verbform, die auch nach der Person bestimmt ist.

L 1 Der Artikel[9]

ὁ   der
ἡ   die
τό   das

	m.		f.		n.	
Sgl.						
N	ὁ	der	ἡ	die	τό	das
G	τοῦ	des	τῆς	der	τοῦ	des
D	τῷ	dem	τῇ	der	τῷ	dem
A	τόν	den	τήν	die	τό	das
Pl.						
N	οἱ	die	αἱ	die	τά	die
G	τῶν	der	τῶν	der	τῶν	der
D	τοῖς	den	ταῖς	den	τοῖς	den
A	τούς	die	τάς	die	τά	die

---

[9] Zur leichteren bzw. eindeutigen Genusbestimmung wird im Folgenden den Substantiven im Griechischen der Artikel vorangestellt; im Deutschen wird auf die Wiedergabe des Artikels verzichtet.

L 2 O-Deklination (= zweite Dekl.): **Substantiv m., n., f.**

▶ *II. Substantive, Eigennamen*

ὁ ἄγγελος	Bote, Engel	
ὁ ἄνθρωπος	Mensch	
ὁ δοῦλος	Sklave, Diener	
ὁ θεός	Gott	
ὁ κύριος	Herr	
ὁ λόγος	Wort	
ὁ οἶκος	Haus	
ὁ υἱός	Sohn	
ὁ χριστός	Gesalbter	Χριστός Christus

τὸ δῶρον	Geschenk, Gabe
τὸ ἔργον	Werk, Tat

ἡ ὁδός	Weg

V. Präpositionen

εἰς	+ *A*: in... hinein *(wohin?)*	εἰς τὸν οἶκον
ἐκ, ἐξ	+ *G*: von, aus *(woher?, woraus?)*	ἐκ τοῦ οἴκου
		ἐξ οἴκου
ἐν	+ *D*: in *(wo?)*	ἐν τῷ οἴκῳ

VI. Adverbien, Konjunktionen, Zahlwörter, Interjektionen

καί	und, auch	
μή	nicht	
οὐ, οὐκ, οὐχ	nicht (+ *Indikativ*)	
	οὐ vor Konsonant	οὐ τὸ ἔργον
	οὐκ vor Vokal mit Spiritus lenis	οὐκ ἐγώ*
	οὐχ vor Vokal mit Spiritus asper	οὐχ ὁ ἄνθρωπος

*Personalpronomen s. L 7

II. O-Deklination: Substantiv*

m.

	Artikel	Endungen				
Sgl.						
N	ὁ	-ος	ἄνθρωπος	δοῦλος	λόγος	θεός
G	τοῦ	-ου	ἀνθρώπου	δούλου	λόγου	θεοῦ
D	τῷ	-ῳ	ἀνθρώπῳ	δούλῳ	λόγῳ	θεῷ
A	τόν	-ον	ἄνθρωπον	δοῦλον	λόγον	θεόν
Pl.						
N	οἱ	-οι	ἄνθρωποι	δοῦλοι	λόγοι	θεοί
G	τῶν	-ων	ἀνθρώπων	δούλων	λόγων	θεῶν
D	τοῖς	-οις	ἀνθρώποις	δούλοις	λόγοις	θεοῖς
A	τούς	-ους	ἀνθρώπους	δούλους	λόγους	θεούς

n.

	Artikel	Endungen	
Sgl.			
N	τό	-ον	ἔργον
G	τοῦ	-ου	ἔργου
D	τῷ	-ῳ	ἔργῳ
A	τό	-ον	ἔργον
Pl.			
N	τά	-α	ἔργα
G	τῶν	-ων	ἔργων
D	τοῖς	-οις	ἔργοις
A	τά	-α	ἔργα

f.

	Artikel f.	End. wie m.	f. nur erkennbar am Artikel!
Sgl.			
N	ἡ	-ος	ὁδός
G	τῆς	-ου	ὁδοῦ
D	τῇ	-ῳ	ὁδῷ
A	τήν	-ον	ὁδόν
Pl.			
N	αἱ	-οι	ὁδοί
G	τῶν	-ων	ὁδῶν
D	ταῖς	-οις	ὁδοῖς
A	τάς	-ους	ὁδούς

*Vokativ s. L 40

Folgende feminine Substantive** der O-Deklination finden sich im NT 10x und öfter:

ἡ ὁδός	L 2	ἡ νόσος	L 69
ἡ βίβλος	L 29	ἡ παρθένος	L 60
ἡ ἔρημος	L 21	ἡ ῥάβδος	L 65
ἡ λιμός	L 69		

**Eigennamen s. bes. L 4

L 3 A-Deklination (= erste Deklination): Substantiv f., m.

▶ *II. Substantive, Eigennamen*

ἡ ἀγάπη	Liebe	
ἡ ἀλήθεια	Wahrheit	ἐν ἀληθείᾳ
ἡ ἀρχή	Anfang	
ἡ γῆ	Erde, Land	
ἡ δόξα	Ruhm, Herrlichkeit	
ἡ ἡμέρα	Tag	
ἡ οἰκία	Haus	
ἡ προφητεία	Prophezeiung	
ἡ φωνή	Stimme	
ὁ κλέπτης	Dieb, Räuber	
ὁ μαθητής	Jünger, Schüler	
ὁ προφήτης	Prophet	ἡ προφητεία

V. Präpositionen

ἀπό, ἀπ', ἀφ'	+ G: von... (weg, her), seit	ἀπὸ τῆς γῆς ἀπ' ἀρχῆς ἀφ' ἡμῶν*
μετά, μετ', μεθ'	+ G: mit	μετὰ τῶν ἀγγέλων μετ' αὐτοῦ* μεθ' ἡμῶν* ὁ θεός
	+ A: nach	μεθ' ἡμέρας ἕξ [sechs]
πρός	+ A: bei, zu... hin	πρὸς τὸν θεόν

VI. Adverbien, Konjunktionen, Zahlwörter, Interjektionen

ἀλλά, ἀλλ'	aber, sondern	ἀλλ' οὐ
	οὐ μόνον... ἀλλὰ καί	nicht nur..., sondern auch
		μόνον s. L 32 §
γάρ	denn, nämlich *(nachgestellt)*	ὁ γὰρ προφήτης
δέ	aber, und *(nachgestellt)*	ὁ δὲ προφήτης

*Personalpronomen s. L 7

II. A-Deklination: Substantiv*

f.					
	Art.	Endungen	(-η)	(-α purum)**	(-α impurum)
Sgl.					
N	ἡ	-η -α	φωνή	ἀλήθεια	δόξα
G	τῆς	-ης -ας	φωνῆς	ἀληθείας	δόξης
D	τῇ	-ῃ -ᾳ	φωνῇ	ἀληθείᾳ	δόξῃ
A	τήν	-ην -αν	φωνήν	ἀλήθειαν	δόξαν
Pl.					
N	αἱ	-αι	φωναί	[ἀλήθειαι] Pl. nicht	δόξαι
G	τῶν	-ῶν endbetont	φωνῶν	[ἀληθειῶν] im NT	δοξῶν
D	ταῖς	-αις	φωναῖς	[ἀληθείαις]	δόξαις
A	τάς	-ας	φωνάς	[ἀληθείας]	δόξας

f.				**m.**		
	Art.	kontrahierte Endungen	entstanden aus:	Artikel m.	Endungen	
Sgl.						
N	ἡ	γῆ	< γε α	ὁ	-ης -ας	προφήτης !
G	τῆς	γῆς	< γε ας	τοῦ	-ου -ου	προφήτου !
D	τῇ	γῇ	< γε ᾳ	τῷ	-ῃ -ᾳ	προφήτῃ
A	τήν	γῆν	< γε αν	τόν	-ην -αν	προφήτην
Pl.						
N				οἱ	-αι	προφῆται
G				τῶν	-ῶν	προφητῶν
D				τοῖς	-αις	προφήταις
A				τούς	-ας	προφήτας

*Vokativ s. L 40

**„Eier-"/„Arie-Regel": Nach ε, ι, ρ steht in der Regel α statt η (Ausnahme z. B. ἡ μάχαιρα L 41 → G Sgl.: τῆς μαχαίρης).

*Häufige maskuline Substantive** der A-Deklination:*

ὁ βαπτιστής	L 10	ὁ μαθητής	L 3
ὁ ἐργάτης	L 25	ὁ ὀφειλέτης	L 25
ὁ Ἰσραηλίτης	L 11	ὁ προφήτης	L 3
ὁ κλέπτης	L 3	ὁ τελώνης	L 50
ὁ κριτής	L 29	ὁ ὑποκριτής	L 29

**Eigennamen s. bes. L 4

L 4   Eigennamen der O- und A-Deklination

▶ *II. Substantive, Eigennamen*

1. O-Deklination

m.	(ὁ) Παῦλος	Paulus
	(ὁ) Πέτρος	Petrus
f.	(ἡ) Αἴγυπτος	Ägypten
	(ἡ) Δαμασκός	Damaskus
	(ἡ) Ἔφεσος	Ephesus
	(ἡ) Τύρος	Tyrus
n.	(τὰ) Ἱεροσόλυμα	Jerusalem

ἀπὸ Ἱεροσολύμων
ἐν Ἱεροσολύμοις
εἰς Ἱεροσόλυμα

2. A-Deklination

f.	(ἡ) Γαλιλαία	Galiläa	εἰς τὴν Γαλιλαίαν
m.	(ὁ) Ἰωάννης	Johannes	
	(ὁ) Ἰούδας	Judas	
	(ὁ) Λουκᾶς	Lukas	
	(ὁ) Ἰησοῦς	Jesus	

3. Indeklinabel

Indeklinabel sind alle Namen, die nicht griechischer Herkunft sind und keiner griechischen Deklination angepasst wurden.

m.	(ὁ) Ἀβραάμ indekl.	Abraham	υἱοὶ Ἀβραάμ
	(ὁ) Δαυίδ indekl.	David	
	(ὁ) Ἰσραήλ indekl.	Israel	ὁ θεὸς τοῦ Ἰσραήλ
	(ὁ) Ἰωσήφ indekl.	Josef	
f.	(ἡ) Ἱερουσαλήμ indekl.	Jerusalem	ἐν Ἱερουσαλήμ

II. Eigennamen der O- und A-Deklination

1. O-Deklination

m.	Artikel	End.	
Sgl.			
N	ὁ	-ος	Παῦλος
G	τοῦ	-ου	Παύλου
D	τῷ	-ῳ	Παύλῳ
A	τὸν	-ον	Παῦλον

f.	Artikel f.	End. wie m.	f. nur erkennbar am Artikel!
	ἡ	-ος	Αἴγυπτος
	τῆς	-ου	Αἰγύπτου
	τῇ	-ῳ	Αἰγύπτῳ
	τὴν	-ον	Αἴγυπτον

2. A-Deklination

f.	Artikel	End.		
Sgl.				
N	ἡ	-η	-α	Γαλιλαία
G	τῆς	-ης	-ας	Γαλιλαίας
D	τῇ	-ῃ	-ᾳ	Γαλιλαίᾳ
A	τὴν	-ην	-αν	Γαλιλαίαν

m.	Artikel	End.		
	ὁ	-ης	-ας	Ἰωάννης
	τοῦ	-ου	-ου	Ἰωάννου
	τῷ	-ῃ	-ᾳ	Ἰωάννῃ
	τὸν	-ην	-αν	Ἰωάννην

Namen auf -ας, denen **kein** ε, ι, ρ vorausgeht, behalten ihr α in **allen** Fällen (auch im Genitiv):

m.	Artikel	End.		
Sgl.				
N	ὁ	-ας	Ἰούδας	Λουκᾶς
G	τοῦ	-α	Ἰούδα	Λουκᾶ
D	τῷ	-ᾳ	Ἰούδᾳ	Λουκᾷ
A	τὸν	-αν	Ἰούδαν	Λουκᾶν

m.	analog dazu:
	Ἰησοῦς
	Ἰησοῦ
	Ἰησοῦ !
	Ἰησοῦν

L 5 Adjektive der O- und A-Deklination

II. Substantive, Eigennamen

ὁ ἀδελφός	Bruder	
ὁ ἀπόστολος	Apostel, Gesandter	
ὁ οὐρανός	Himmel	

ἡ ἀδελφή	Schwester	ὁ ἀδελφός
ἡ βασιλεία	Königsherrschaft, Reich	
ἡ γραφή	Schrift	
ἡ θάλασσα	Meer, See	
ἡ καρδία	Herz	
ἡ σωτηρία	Heil, Rettung	

τὸ εὐαγγέλιον	Evangelium, gute Botschaft
τὸ ἱερόν	Tempel, Heiligtum
τὸ πρόβατον	Schaf

▶ *III. Adjektive*

ἀγαθός, -ή, -όν	gut	
ἀγαπητός, -ή, -όν	geliebt	ἡ ἀγάπη L 3
ἅγιος, -ία, -ιον	heilig	ἅγιος, ἁγία, ἅγιον
		ὁ ἅγιος τοῦ θεοῦ

VI. Adverbien, Konjunktionen, Zahlwörter, Interjektionen

ἀμήν	wahrlich	
ἤ	oder; *beim Komparativ:* als	
ἰδού	siehe!	ἰδοὺ ἄγγελος κυρίου
νῦν	nun, jetzt	ἀπὸ τοῦ νῦν

III. Adjektive der O- und A-Deklination

Endungen wie beim Substantiv, s. L 2-3; → dreiendiges Adjektiv

	m.	f.	n.	m.	f.	n.
Sgl.						
N	ἅγιος	ἁγία	ἅγιον	ἀγαθός	ἀγαθή	ἀγαθόν
G	ἁγίου	ἁγίας	ἁγίου	ἀγαθοῦ	ἀγαθῆς	ἀγαθοῦ
D	ἁγίῳ	ἁγίᾳ	ἁγίῳ	ἀγαθῷ	ἀγαθῇ	ἀγαθῷ
A	ἅγιον	ἁγίαν	ἅγιον	ἀγαθόν	ἀγαθήν	ἀγαθόν
Pl.						
N	ἅγιοι	ἅγιαι	ἅγια	ἀγαθοί	ἀγαθαί	ἀγαθά
G	ἁγίων	ἁγίων	ἁγίων	ἀγαθῶν	ἀγαθῶν	ἀγαθῶν
D	ἁγίοις	ἁγίαις	ἁγίοις	ἀγαθοῖς	ἀγαθαῖς	ἀγαθοῖς
A	ἁγίους	ἁγίας	ἅγια	ἀγαθούς	ἀγαθάς	ἀγαθά

Beispiele L 2-5

1. Zur attributiven und prädikativen Wortstellung beim Adjektiv

ὁ ἀγαθὸς ἄνθρωπος   der gute Mensch *(attributive Wortstellung)*
ὁ ἄνθρωπος ὁ ἀγαθός   der gute Mensch *(attributive Wortstellung)*
ὁ ἄνθρωπος ἀγαθός   der Mensch ist gut *(prädikative Wortstellung)*
ἀγαθὸς ὁ ἄνθρωπος   gut ist der Mensch / der Mensch ist gut
                                              (prädikative Wortstellung)
τὸ ἀγαθὸν ἔργον   das gute Werk
τὸ ἔργον ἀγαθόν   das Werk ist gut
Ἅγιος ἅγιος ἅγιος   Heilig, heilig, heilig ist Gott, der Herr.
κύριος ὁ θεός.   (Offb 4,8)

2. Zum Genitiv-Attribut

ὁ υἱὸς τοῦ ἀνθρώπου   der Menschensohn / Sohn des Menschen
ὁ υἱὸς ὁ τοῦ ἀνθρώπου   der Menschensohn / Sohn des Menschen
ὁ υἱὸς (ὁ) τοῦ θεοῦ   der Gottessohn / Sohn Gottes
ἡ βασιλεία τῶν οὐρανῶν   das Himmelreich / Reich der Himmel (Mt)
ἡ θάλασσα τῆς Γαλιλαίας   das Meer von Galiläa = der See Gennesaret

L 6 Verb Präsens Aktiv: Indikativ, Imperativ, Infinitiv

▶ *I. Verben*

ἀκούω	hören; hören auf (+ A / G)		
ἀποστέλλω	schicken, (aus-)senden	ὁ ἀπόστολος	L 5
βάλλω	werfen		
βλέπω	sehen, blicken		
γινώσκω	kennen, erkennen		
γράφω	schreiben	ἡ γραφή	L 5
	γέγραπται es ist/steht geschrieben *(Perf.)*		
δουλεύω	dienen, Sklave sein	ὁ δοῦλος	L 2
ἐγείρω	aufwecken, aufrichten		
	Pass.: aufwachen, auf(er)stehen		
ἐκβάλλω	hinauswerfen	βάλλω	
εὑρίσκω	finden		
	εὕρηκα ich habe gefunden *(Perf.)*		
ἔχω	haben, halten		
	εἶχον ich hatte, hielt; sie hatten, hielten *(Impf.)*		
	εἶχεν er, sie, es hatte, hielt *(Impf.)*		
θέλω	wollen		
κλέπτω	stehlen	ὁ κλέπτης	L 3
λαμβάνω	nehmen, empfangen		
λέγω	sagen	ὁ λόγος	L 2
	εἶπον ich sagte; sie sagten *(Aorist)*		
	εἶπεν er, sie, es sagte *(Aorist)*		
μένω	bleiben		
πιστεύω	glauben, vertrauen		
προφητεύω	verkündigen, prophetisch reden	ἡ προφητεία,	
		ὁ προφήτης	L 3

V. Präpositionen

διά, δι'	+ *G*: durch	διὰ τοῦ προφήτου
	+ *A*: wegen; durch	διὰ τὸν λόγον
σύν	+ *D*: (zusammen) mit	σὺν τοῖς μαθηταῖς
		σὺν Χριστῷ

I. Verb Präsens Aktiv

Indikativ

	Endungen*	
Sgl.		
1	-ω	πιστεύω
2	-εις	πιστεύεις
3	-ει	πιστεύει
Pl.		
1	-ομεν	πιστεύομεν
2	-ετε	πιστεύετε
3	-ουσι(ν)	πιστεύουσι(ν)

Imperativ

	Endungen*	
-ε	πίστευε
-ετω	πιστευέτω
-ετε	πιστεύετε
-ετωσαν	πιστευέτωσαν

=

Infinitiv | End.* | -ειν | πιστεύειν |

*Bildung der Endungen aus Bindevokal (Themavok.) und Personalendung:

z. B.	Stamm	Themavokal	Personalendung
1. Ps. Pl.	πιστευ	ο	μεν
2. Ps. Pl.	πιστευ	ε	τε

↔ In den Endungen der 1.-3. Ps. Sgl. Ind. (-ω, -εις, -ει) ist der Themavokal enthalten; 3. Pl. Ind. < -ονσιν (nach Ausfall des ν Ersatzdehnung von ο zu ου); Inf. < -ε εν, vgl. die Kontraktionsregeln der Verba contracta auf -έω L 11.

Beispiele L 6

1. Zur Übersetzung des Imperativs

Ὁ κλέπτης μὴ κλεπτέτω.   Der Dieb soll nicht stehlen!

Τῷ κυρίῳ Χριστῷ   Dem Herrn Christus dient! (Kol 3,24)
δουλεύετε.

2. Zur Unterscheidung von Indikativ und Imperativ

Οὐ κλέπτετε.   Ihr stehlt nicht. (Οὐ verneint nur den Indikativ!)
Μὴ κλέπτετε.   Stehlt nicht!

3. Zu Neutrum Plural + Verb im Singular

Τὰ πρόβατα τῆς φωνῆς   Die Schafe hören (auf) seine Stimme.
αὐτοῦ* ἀκούει.   (Joh 10,3)

*Personalpronomen s. L 7

L 7 Präsens von εἰμί: Indikativ, Infinitiv. Personalpronomen

I. Verben

▶ εἰμί	*als Kopula*: sein	ἦν er, sie, es war *(Impf.)*
	als Vollverb: da sein, existieren, sich befinden	

ἀποθνῄσκω	sterben		
διδάσκω	lehren, unterrichten		
κρίνω	richten, beurteilen		
σῴζω	retten	ἡ σωτηρία	L 5

II. Substantive, Eigennamen

ὁ διδάσκαλος	Lehrer	διδάσκω	
ὁ θάνατος	Tod	ἀποθνῄσκω	
ὁ κόσμος	Welt		

ἡ ἐκκλησία	Gemeinde, Kirche		
ἡ ζωή	Leben		
ἡ πέτρα	Fels, Stein	(ὁ) Πέτρος	L 4

▶ *IV. Pronomen*

ἐγώ	ich
σύ	du
ἡμεῖς	wir
ὑμεῖς	ihr
αὐτός, αὐτή, αὐτό	er, sie, es
αὐτοί, αὐταί, αὐτά	sie *(Pl.* m., f., n.*)*

V. Präpositionen

ὑπέρ	+ *G*: für, wegen; über
	+ *A*: über... hinaus, mehr als
ὑπό, ὑπ', ὑφ'	+ *G*: von (+ *Urheber beim Passiv)*
	+ *A*: unter

L 7: Präsens von εἰμί. Personalpronomen

I. Präsens von εἰμί
Indikativ   **Infinitiv** εἶναι

		enklitisch	Beispiele:
Sgl.			
1	εἰμί	εἰμι	Ἐγώ εἰμι ὁ θεὸς Ἀβραάμ...
2	εἶ	---	Σὺ εἶ ὁ χριστός.
3	ἐστί(ν) / ἔστιν*	ἐστι(ν)	Αὐτός ἐστιν ὁ χριστός.
Pl.			
1	ἐσμέν	ἐσμεν	Ἡμεῖς ἐκ τοῦ θεοῦ ἐσμεν...
2	ἐστέ	ἐστε	Ὑμεῖς ἐστε τὸ φῶς** τοῦ κόσμου.
3	εἰσί(ν)	εἰσι(ν)	Αὐτοί εἰσιν...

*Vorne betont am Satzanfang, nach εἰ, καί, οὐκ, in der Bedeutung „es gibt, es ist vorhanden" sowie bei ἀλλ' ἔστιν und τοῦτ' ἔστιν („das heißt").

IV. Personalpronomen

3. Ps.: Endungen wie beim Substantiv bzw. Adjektiv der O- bzw. A-Dekl., s. L 2-4; *Ausnahme:* N / A Sgl. n.

	1. Ps.		**2. Ps.**		**3. Ps.**		
		enkl.		*enkl.*	m.	f.	n.
Sgl.							
N	ἐγώ		σύ		αὐτός	αὐτή	αὐτό !
G	ἐμοῦ	μου	σοῦ	σου	αὐτοῦ	αὐτῆς	αὐτοῦ
D	ἐμοί	μοι	σοί	σοι	αὐτῷ	αὐτῇ	αὐτῷ
A	ἐμέ	με	σέ	σε	αὐτόν	αὐτήν	αὐτό !
Pl.							
N	ἡμεῖς		ὑμεῖς		αὐτοί	αὐταί	αὐτά
G	ἡμῶν		ὑμῶν		αὐτῶν	αὐτῶν	αὐτῶν
D	ἡμῖν		ὑμῖν		αὐτοῖς	αὐταῖς	αὐτοῖς
A	ἡμᾶς		ὑμᾶς		αὐτούς	αὐτάς	αὐτά

Beispiele L 7 zur possessiven Verwendung des Personalpronomens

ὁ οἶκός μου   mein Haus   ὁ οἶκος αὐτοῦ   sein Haus
ὁ οἶκός σου   dein Haus   ὁ οἶκος αὐτῶν   ihr *(Pl.)* Haus

**Licht, s. L 15

L 8   Demonstrativpronomen I: Nahdeixis (→ dieser)

I. Verben

αἴρω	aufheben, entfernen
ἁμαρτάνω	sündigen
πέμπω	schicken, senden
πίπτω	fallen

II. Substantive, Eigennamen

ὁ ἁμαρτωλός	Sünder	ἁμαρτάνω
ὁ λαός	Volk	
ὁ νόμος	Gesetz	ἐν γὰρ τῷ νόμῳ γέγραπται…
ἡ ἁμαρτία	Fehler, Schuld, Sünde	ἁμαρτάνω, ὁ ἁμαρτωλός
ἡ ἐξουσία	Macht, Vollmacht	
ἡ ψυχή	Seele; Leben	
ἡ ὥρα	Stunde	

III. Adjektive

καλός, -ή, -όν	gut, schön	
μόνος, -η, -ον	allein, einzig	
πρῶτος, -η, -ον	der, die, das erste	πρῶτος, πρώτη, πρῶτον
	τῇ πρώτῃ ἡμέρᾳ	am 1. Tag

▶ IV. Pronomen

οὗτος, αὕτη, τοῦτο	dieser, diese, dieses
ὅδε, ἥδε, τόδε	dieser, diese, dieses (da)

V. Präpositionen

ἐπί, ἐπ', ἐφ'	+ G, D, A: auf, über, an ἐν οὐρανῷ καὶ ἐπὶ γῆς
κατά, κατ', καθ'	+ G: herab; gegen
	+ A: durch... hin, gemäß, nach
	καθ' ἡμέραν täglich

IV. Demonstrativpronomen I: Nahdeixis

→ Hinweis auf das Näherliegende (Deixis von δείκνυμι = zeigen)

1. οὗτος, αὕτη, τοῦτο   dieser, diese, dieses

Endungen wie beim Personalpronomen der 3. Ps, s. L 7

	m.	f.	n.
Sgl.			
N	οὗτος	αὕτη	τοῦτο
G	τούτου	ταύτης	τούτου
D	τούτῳ	ταύτῃ	τούτῳ
A	τοῦτον	ταύτην	τοῦτο
Pl.			
N	οὗτοι	αὗται	ταῦτα
G	τούτων	τούτων !	τούτων
D	τούτοις	ταύταις	τούτοις
A	τούτους	ταύτας	ταῦτα

2. ὅδε, ἥδε, τόδε   dieser, diese, dieses (da)

Folgende Formen von ὅδε, ἥδε, τόδε kommen im NT vor:

A Sgl. f.   τήνδε
D Sgl. f.   καὶ τῇδε ἦν ἀδελφή...   und diese hatte eine Schwester...
                                     (Lk 10,39)
A Pl. n.   τάδε λέγει ὁ ἅγιος...   dies spricht der Heilige... (Offb 3,7)

Beispiele L 8 zur Verwendung des Demonstrativpronomens I

1. Attributiv
ἐν τῇ ἡμέρᾳ ταύτῃ   an diesem Tag (Lk 19,42)

2. Absolut
μετὰ ταῦτα   danach (*wörtl.* nach diesen [Dingen])

3. Mit Prädikatsnomen
Οὗτός ἐστιν ὁ υἱός μου   Dies(er) ist mein geliebter Sohn... (Mt 3,17)
ὁ ἀγαπητός...

L 9 Demonstrativpronomen II: Ferndeixis (→ jener)

II. Substantive, Eigennamen

ὁ ἄρτος	Brot, Nahrung	ὁ ἄρτος τῆς ζωῆς
ὁ καιρός	Zeit, rechte Zeit	
ὁ ὀφθαλμός	Auge	
ὁ ὄχλος	Volksmenge, Masse	
ὁ χρόνος	Zeit, Zeitraum	

ἡ δικαιοσύνη	Gerechtigkeit
ἡ εἰρήνη	Friede

III. Adjektive

δεξιός, -ά, -όν	rechter, rechte, rechtes	ἐκ δεξιῶν rechts
δίκαιος, -α, -ον	gerecht	δίκαιος, δικαία, δίκαιον
		ἡ δικαιοσύνη
ἔσχατος, -η, -ον	letzter, äußerster	ἔσχατος, ἐσχάτη, ἔσχατον
		↔ πρῶτος L 8
νεκρός, -ά, -όν	tot	
πονηρός, -ά, -όν	schlecht, böse	

▶ ## IV. Pronomen

ἐκεῖνος, ἐκείνη, ἐκεῖνο   jener, jene, jenes

VI. Adverbien, Konjunktionen, Zahlwörter, Interjektionen

οὐδέ	und nicht, auch nicht, aber nicht, nicht einmal
μηδέ	und nicht, auch nicht, aber nicht, nicht einmal

καθώς	(ebenso) wie	...καθὼς γέγραπται
οὕτω, οὕτως	so	οὕτως γὰρ γέγραπται...
πῶς(;)	wie(?)	
ὡς	wie; *bei Zahlen:* ungefähr	
	ὡς ἐν οὐρανῷ καὶ ἐπὶ γῆς	
ὥσπερ	so wie, gleich wie	

IV. Demonstrativpronomen II: Ferndeixis

→ Hinweis auf das Fernerliegende

ἐκεῖνος, ἐκείνη, ἐκεῖνο   *jener, jene, jenes*

Endungen wie beim Demonstrativpronomen οὗτος, αὕτη, τοῦτο, s. L 8

	m.	f.	n.
Sgl.			
N	ἐκεῖνος	ἐκείνη	ἐκεῖνο
G	ἐκείνου	ἐκείνης	ἐκείνου
D	ἐκείνῳ	ἐκείνῃ	ἐκείνῳ
A	ἐκεῖνον	ἐκείνην	ἐκεῖνο
Pl.			
N	ἐκεῖνοι	ἐκεῖναι	ἐκεῖνα
G	ἐκείνων	ἐκείνων	ἐκείνων
D	ἐκείνοις	ἐκείναις	ἐκείνοις
A	ἐκείνους	ἐκείνας	ἐκεῖνα

Beispiele L 9 zur Verwendung der Demonstrativpronomen I + II

Σὺ εἶ Πέτρος, καὶ ἐπὶ ταύτῃ τῇ πέτρᾳ οἰκοδομήσω* μου τὴν ἐκκλησίαν...	Du bist Petrus, und auf diesen Felsen werde ich meine Kirche bauen... (Mt 16,18)
Ὑμεῖς ἐκ τούτου τοῦ κόσμου ἐστέ, ἐγὼ οὐκ εἰμὶ ἐκ τοῦ κόσμου τούτου.	Ihr seid aus dieser Welt, ich bin nicht aus dieser Welt. (Joh 8,23)
Ἐκεῖνος κλέπτης ἐστίν.	Jener ist ein Dieb.
ἐν ἐκείνῳ τῷ καιρῷ...	zu jener Zeit...
Καὶ λέγουσιν αὐτῇ ἐκεῖνοι...	Und jene sagen zu ihr...
ὁ κύριος τῶν δούλων ἐκείνων	der Herr jener Sklaven
Καὶ ἐκείνοις εἶπεν...	Und zu jenen sagte er...

*Futur (s. L 20) von οἰκοδομέω (L 27)

L 10 Verb Präsens Medium / Passiv: Ind., Imp., Inf.
Medio-passive Formen mit aktiver Bedeutung

▶ *I. Verben*

ἀποκρίνομαι	antworten	ἀπεκρίθη er antwortete *(Aorist)*
γίνομαι	werden, geschehen, sein	ἐγένετο *(Aorist)*
δύναμαι	können, vermögen	
πορεύομαι	gehen, reisen	
προσεύχομαι	bitten, beten	

ἔρχομαι *und Komposita (= Zusammensetzungen aus dem einfachen Verb [verbum simplex] und Präpositionen); s. auch L 45:*

ἔρχομαι	kommen, gehen ἦλθον ich ging; sie gingen *(Aorist)* ἦλθεν er ging *(Aorist)*		
ἀπέρχομαι	weggehen	ἀπό	L 3
διέρχομαι	hindurchgehen	διά	L 6
εἰσέρχομαι	hineingehen	εἰς	L 2
ἐξέρχομαι	hinausgehen	ἐκ	L 2
προσέρχομαι	herankommen	πρός	L 3
βαπτίζω	taufen		

II. Substantive, Eigennamen

ὁ βαπτιστής	Täufer Οὗτός ἐστιν Ἰωάννης ὁ βαπτιστής. (Mt 14,2)	βαπτίζω
ὁ σύνδουλος	Mitsklave	ὁ δοῦλος L 2, σύν L 6

VI. Adverbien, Konjunktionen, Zahlwörter, Interjektionen

μέν	*Affirmativ- und Gliederungspartikel:*
μέν... δέ	[zwar]... aber
	ὁ μέν... ὁ δέ der eine... der andere

I. Verb Präsens Medium / Passiv

Indikativ

	End.*		End. ohne Themavokal
Sgl.			
1	-ομαι	πιστεύομαι	δύναμαι
2	-ῃ < εσαι	πιστεύῃ	δύνασαι !
3	-εται	πιστεύεται	δύναται
Pl.			
1	-ομεθα	πιστευόμεθα	δυνάμεθα
2	-εσθε	πιστεύεσθε	δύνασθε
3	-ονται	πιστεύονται	δύνανται

Imperativ

	End.*	
2	-ου < εσο	πιστεύου
3	-εσθω	πιστευέσθω
2	-εσθε	πιστεύεσθε
3	-εσθωσαν	πιστευέσθωσαν

Infinitiv

| -εσθαι | πιστεύεσθαι | δύνασθαι |

Bildung der Endungen aus Themavokal (ε, ο) und Personalendung:

z. B.	Stamm	Themavokal	Personalendung
1. Ps. Pl.	πιστευ	ο	μεθα
2. Ps. Pl.	πιστευ	ε	σθε

Beispiele L 10

1. Zum Passiv

Ὁ πιστεύων* εἰς αὐτὸν οὐ κρίνεται. — Der, der an ihn glaubt, wird nicht gerichtet. (Joh 3,18)

Ὁ Ἰησοῦς βαπτίζεται ὑπὸ Ἰωάννου. — Jesus wird von Johannes getauft.

2. Zu den medio-passiven Formen mit aktiver Bedeutung

Ἰδοὺ ἔρχομαι ὡς κλέπτης. — Siehe, ich komme wie ein Dieb. (Offb 16,15)

Πορεύου εἰς γῆν Ἰσραήλ. — Zieh ins Land Israel! (Mt 2,20)

Προσέρχονται αὐτῷ οἱ μαθηταὶ Ἰωάννου... — Zu ihm kommen die Jünger des Johannes... (Mt 9,14)

*Partizip Präsens Aktiv s. L 29

L 11 Verba contracta im Präsens I: Verben auf -έω

▶ *I. Verben*

ἀκολουθέω	(nach-)folgen
ζητέω	suchen
καλέω	rufen, nennen; *Pass.*: heißen
λαλέω	reden, sagen
μαρτυρέω	bezeugen, Zeugnis ablegen
παρακαλέω	herbeirufen; ermahnen; trösten καλέω
περιπατέω	umhergehen
ποιέω	machen, tun
προσκυνέω	niederkniend huldigen, anbeten
φοβέομαι	Angst haben, erschrecken; (sich) fürchten
	Μὴ φοβεῖσθε. Fürchtet euch nicht!

II. Substantive, Eigennamen, III. Adjektive

ὁ τόπος	Platz, Ort	
ὁ φόβος	Furcht, Angst	φοβέομαι

ἡ μαρτυρία	Zeugnis	μαρτυρέω
ἡ προσευχή	Gebet	προσεύχομαι L 10

τὸ μαρτύριον	Zeugnis, Beweis	μαρτυρέω, ἡ μαρτυρία
τὸ πλοῖον	Boot, Schiff	
τὸ πρόσωπον	Gesicht, Äußeres; Person	
τὸ σημεῖον	Zeichen, Wunder	
τὸ τέκνον	Kind	

(ὁ) Ἰουδαῖος	jüdisch; Jude	
ὁ Ἰσραηλίτης	Israelit	(ὁ) Ἰσραήλ L 4
ὁ Σαδδουκαῖος	Sadduzäer	
ὁ Φαρισαῖος	Pharisäer	
(ὁ) Ἰσκαριώθ indekl.	Iskariot	
(ὁ) Ἰσκαριώτης	Iskariot	

I. Verba contracta im Präsens I: Verben auf -έω – Bsp. ποιέω

Verba contracta sind Verben, deren kurzer Stammauslaut ε, α oder ο im Präsensstamm mit dem (vokalischen) Anlaut der jeweiligen Endung kontrahiert (= zusammengezogen) wird.

→ **Kontraktionsregeln** der Verben auf -έω: ε + ε = ει; ε + ο = ου;
  ε vor Langvokal oder Diphthong wird verschlungen.

Indikativ

	Akt.	*entstanden aus:*	*Med. / Pass.*	*entstanden aus:*
Sgl.				
1	ποιῶ	< ποιε ω	ποιοῦμαι	< ποιε ομαι
2	ποιεῖς	< ποιε εις	ποιῇ	< ποιε η (< εσαι)
3	ποιεῖ	< ποιε ει	ποιεῖται	< ποιε εται
Pl.				
1	ποιοῦμεν	< ποιε ομεν	ποιούμεθα	< ποιε ομεθα
2	ποιεῖτε	< ποιε ετε	ποιεῖσθε	< ποιε εσθε
3	ποιοῦσιν	< ποιε ουσιν	ποιοῦνται	< ποιε ονται

Imperativ

	Akt.	*entstanden aus:*	*Med. / Pass.*	*entstanden aus:*
Sgl.				
2	ποίει	< ποιε ε	ποιοῦ	< ποιε ου (< εσο)
3	ποιείτω	< ποιε ετω	ποιείσθω	< ποιε εσθω
Pl.				
2	ποιεῖτε	< ποιε ετε	ποιεῖσθε	< ποιε εσθε
3	ποιείτωσαν	< ποιε ετωσαν	ποιείσθωσαν	< ποιε εσθωσαν

Infinitiv

Akt.	*entstanden aus:*	*Med. / Pass.*	*entstanden aus:*
ποιεῖν	< ποιε ειν	ποιεῖσθαι	< ποιε εσθαι

Beispiele L 11 zu den Verba contracta auf -έω

Ζητεῖτε δὲ πρῶτον τὴν βασιλείαν τοῦ θεοῦ καὶ τὴν δικαιοσύνην αὐτοῦ...	Sucht zuerst das Reich Gottes und seine Gerechtigkeit... (Mt 6,33)
Καὶ ἀκολουθοῦσιν αὐτῷ οἱ μαθηταὶ αὐτοῦ.	Und seine Jünger folgen ihm nach (Mk 6,1)

L 12 Verba contracta im Präsens II: Verben auf -άω

▶ I. Verben

ἀγαπάω	lieben	ἡ ἀγάπη L 3, ἀγαπητός L 5
γεννάω	zeugen, gebären	
ζάω	leben	ἡ ζωή L 7
ὁράω	sehen, erblicken	
	εἶδον ich sah; sie sahen *(Aorist)*	
	εἶδεν er, sie, es sah *(Aorist)*	

III. Adjektive

ἄλλος, -η, -ο !	ein anderer, weiterer	
	"Ἄλλος ἐστὶν ὁ μαρτυρῶν* περὶ ἐμοῦ. (Joh 5,32)	
ἕκαστος, -η, -ον	jeder, ein jeder	ἕκαστος, ἑκάστη, ἕκαστον
ἕτερος, -α, -ον	ein anderer	ἕτερος, ἑτέρα, ἕτερον
ἴδιος, -ία, -ιον	eigen	ἴδιος, ἰδία, ἴδιον
		τὰ ἴδια πρόβατα

V. Präpositionen

παρά, παρ'	+ G: von... her
	+ D: bei, an
	+ A: entlang, neben... her; im Vergleich zu
	Ὁ Ἰησοῦς ἦλθεν παρὰ τὴν θάλασσαν τῆς Γαλιλαίας. (Mt 15,29)
περί	+ G: über
	...οὐ περὶ ἄρτων εἶπον ὑμῖν. (Mt 16,11)
	+ A: um

VI. Adverbien, Konjunktionen, Zahlwörter, Interjektionen

ἐκεῖ	dort, dorthin	
ὧδε	hier, hierher	
οὔτε	und nicht	(οὔτε... οὔτε weder... noch)
μήτε	und nicht	(μήτε... μήτε weder... noch)

*Partizip Präsens Aktiv s. L 29

I. Verba contracta im Präsens II: Verben auf -άω – Bsp. ἀγαπάω, ζάω

→ **Kontraktionsregeln** der Verben auf -άω: α + E-Laut [ε η ει η] = α;
α + O-Laut [ο ω οι ου] = ω; ι wird – außer beim Infinitiv, s. u. – als
Iota subscriptum untergeschrieben.

Indikativ

	Akt.	entstanden aus:	Med. / Pass.	entstanden aus:	Akt.
Sgl.					
1	ἀγαπῶ	< ἀγαπα ω	ἀγαπῶμαι	< ἀγαπα ομαι	ζῶ
2	ἀγαπᾷς	< ἀγαπα εις	ἀγαπᾶσαι	< ἀγαπα εσαι	ζῇς
3	ἀγαπᾷ	< ἀγαπα ει	ἀγαπᾶται	< ἀγαπα εται	ζῇ
Pl.					
1	ἀγαπῶμεν	< ἀγαπα ομεν	ἀγαπώμεθα	< ἀγαπα ομεθα	ζῶμεν
2	ἀγαπᾶτε	< ἀγαπα ετε	ἀγαπᾶσθε	< ἀγαπα εσθε	ζῆτε
3	ἀγαπῶσιν	< ἀγαπα ουσιν	ἀγαπῶνται	< ἀγαπα ονται	ζῶσιν

Imperativ (nur von ἀγαπάω)

	Akt.	entstanden aus:	Med. / Pass.	entstanden aus:
Sgl.				
2	ἀγάπα	< ἀγαπα ε	ἀγαπῶ	< ἀγαπα ου
3	ἀγαπάτω	< ἀγαπα ετω	ἀγαπάσθω	< ἀγαπα εσθω
Pl.				
2	ἀγαπᾶτε	< ἀγαπα ετε	ἀγαπᾶσθε	< ἀγαπα εσθε
3	ἀγαπάτωσαν	< ἀγαπα ετωσαν	ἀγαπάσθωσαν	< ἀγαπα εσθωσαν

Infinitiv

Akt.	entstanden aus:	Med. / Pass.	entstanden aus:	Akt.
ἀγαπᾶν	< ἀγαπα ειν	ἀγαπᾶσθαι	< ἀγαπα εσθαι	ζῆν !
	(-ειν aus -ε εν)			

Beispiel L 12 zu den Verba contracta auf -άω

Μὴ ἀγαπᾶτε τὸν κόσμον μηδὲ   Liebt nicht die Welt und (auch) nicht,
τὰ ἐν τῷ κόσμῳ.   was [die Dinge, die] in der Welt ist
   [sind]. (1Joh 2,15)

L 13 Verba contracta im Präsens III: Verben auf -όω

▶ *I. Verben*

δηλόω	kundtun, offenbar machen		
δικαιόω	rechtfertigen	ἡ δικαιοσύνη, δίκαιος	L 9
θανατόω	töten	ἀποθνῄσκω, ὁ θάνατος	L 7
πληρόω	füllen, erfüllen		
σταυρόω	kreuzigen	Σταύρου σταύρου αὐτόν.	(Lk 23,21)
φανερόω	zeigen, offenbaren		

ἀνοίγω	öffnen	
ὑπάγω	weggehen, hingehen	
φέρω	tragen, bringen	
προσφέρω	herbringen; darbringen	φέρω
χαίρω	sich freuen	χαῖρε sei gegrüßt!
χαίρειν λέγω	jem. grüßen (+ D)	

δεῖ es ist nötig, man muss *(+ AcI)*
...ἐν τοῖς τοῦ πατρός* μου δεῖ εἶναί με. (Lk 2,49)

II. Substantive, Eigennamen

ὁ σταυρός	Kreuz	σταυρόω
ἡ χαρά	Freude	χαίρω
τὸ δαιμόνιον	Dämon	ἐκβάλλειν τὰ δαιμόνια
τὸ θηρίον	Tier	

VI. Adverbien, Konjunktionen, Zahlwörter, Interjektionen

ὅτι weil, dass; *vor direkter Rede* : (Doppelpunkt)
ἐγὼ δὲ λέγω ὑμῖν ὅτι...
οὖν also, folglich, nun
πάλιν nochmals, wiederum

*G Sgl. von ὁ πατήρ, s. L 16

I. Verba contracta im Präsens III: Verben auf -όω – *Bsp.* πληρόω

→ **Kontraktionsregeln** der Verben auf -όω: ο + Langvokal [η ω] = ω; ο + Kurzvokal [ε ο] / ου = ου; ο + ι-Diphthong [ει η οι] = οι; (*Ausnahme:* Infinitiv, s. u.).

Indikativ

	Akt.	*entstanden aus:*	*Med. / Pass.*	*entstanden aus:*
Sgl.				
1	πληρῶ	< πληρο ω	πληροῦμαι	< πληρο ομαι
2	πληροῖς	< πληρο εις	[πληροῖ]	< πληρο ῃ (<εσαι)
3	πληροῖ	< πληρο ει	πληροῦται	< πληρο εται
Pl.				
1	πληροῦμεν	< πληρο ομεν	πληρούμεθα	< πληρο ομεθα
2	πληροῦτε	< πληρο ετε	πληροῦσθε	< πληρο εσθε
3	πληροῦσιν	< πληρο ουσιν	πληροῦνται	< πληρο ονται

Imperativ

	Akt.	*entstanden aus:*	*Med. / Pass.*	*entstanden aus:*
Sgl.				
2	πλήρου	< πληρο ε	πληροῦ	< πληρο ου (<εσο)
3	πληρούτω	< πληρο ετω	πληρούσθω	< πληρο εσθω
Pl.				
2	πληροῦτε	< πληρο ετε	πληροῦσθε	< πληρο εσθε
3	πληρούτωσαν	< πληρο ετωσαν	πληρούσθωσαν	< πληρο εσθωσαν

Infinitiv

Akt.	*entstanden aus:*	*Med. / Pass.*	*entstanden aus:*
πληροῦν	< πληρο ειν (-ειν aus -ε εν)	πληροῦσθαι	< πληρο εσθαι

Beispiel L 13 zu den Verba contracta auf -όω

...οὐ δικαιοῦται ἄνθρωπος ἐξ ἔργων νόμου...   ...der Mensch wird nicht gerechtfertigt aus / durch Werke(n) des Gesetzes...

(Gal 2,16)

L 14 Konsonantische (= dritte) Deklination I: Übersichten

I. Verben

Komposita von βαίνω *(gehen; Verbum simplex nicht im NT):*

ἀναβαίνω	hinaufgehen	ἀναβαίνομεν εἰς Ἱεροσόλυμα
ἐμβαίνω	hineingehen, einsteigen	ἐμβαίνει εἰς τὸ πλοῖον
καταβαίνω	hinabgehen	καταβαίνει ἐκ τοῦ οὐρανοῦ
μεταβαίνω	hinübergehen	Μὴ μεταβαίνετε ἐξ οἰκίας εἰς οἰκίαν. (Lk 10,7)

V. Zusammenstellung der Präpositionen aus L 3-12:

• ἀπό, ἀπ', ἀφ'	+ G	von... (weg, her), seit	L 3
• διά, δι'	+ G	durch	L 6
	+ A	wegen; durch	
• εἰς	+ A	in... hinein *(wohin?)*	L 2
• ἐκ, ἐξ	+ G	von, aus *(woher?, woraus?)*	L 2
• ἐν	+ D	in *(wo?)*	L 2
• ἐπί, ἐπ', ἐφ'	+ G, D, A	auf, über, an	L 8
• κατά, κατ', καθ'	+ G	herab; gegen	L 8
	+ A	durch... hin; gemäß, nach	
• μετά, μετ', μεθ'	+ G	mit	L 3
	+ A	nach	
• παρά, παρ'	+ G	von... her	L 12
	+ D	bei, an, neben	
	+ A	entlang; im Vergleich zu	
• περί	+ G	über, betreffs	L 12
	+ A	um, um... herum	
• πρός	+ A	bei, zu... hin	L 3
• σύν	+ D	(zusammen) mit	L 6
• ὑπέρ	+ G	für, wegen; über	L 7
	+ A	über... hinaus, mehr als	
• ὑπό, ὑπ', ὑφ'	+ G	von (+ *Urheber beim Passiv*)	L 7
	+ A	unter	

II. Konsonantische Deklination I: Übersicht über die Endungen*

	m. + f.			n.	
Sgl.					
N	--- / -ς			--- / -ς	
G	-ος	(-ως)	→ s. L 23	-ος	(-ους)**
D	-ι			-ι	
A	-α / -ν			--- / -ς	
Pl.					
N	-ες	(-εις)**		-α	(-η)**
G	-ων			-ων	
D	-σι(ν)			-σι(ν)	
A	-ας	(-εις)**		-α	(-η)**

*Vokativ s. L 40; **durch Kontraktion entstandene Abweichungen, s. L 23 + 24

Übersicht über die Stämme der konsonantischen Deklination:

Muta-Stämme	L 15	1. Dentalstämme[10]
		2. Gutturalstämme[11]
		3. Labialstämme
Liquida-Stämme	L 16	1. auf -ν / -ντ
		2. auf -ρ
		3. N auf -(τ)ηρ
σ-Stämme	L 23	**ϝ-Stämme** L 24
ι-Stämme	L 23	**υ-Stämme** L 24

Außer Substantiven und Eigennamen werden nach der konsonantischen Deklination flektiert:

Adjektive	L 17	μέγας, πολύς (jeweils nur N / A Sgl. m., n.)
	L 19	πᾶς (nur m., n.)
	L 36	Komparativ auf -(ι)ων + weitere Adj. L 23 ff
Pronomina	L 18	Interrogativpronomen, Indefinitpronomen
Zahl 1	L 19	εἷς (nur m., n.)
Partizipien	L 29 ff	(jeweils nur m., n.):
		1. Präsens Aktiv L 29
		2. Aorist I Aktiv + Passiv L 31
		3. Aorist II Aktiv + Passiv L 38
		4. Perfekt Aktiv L 45

---

[10] Alveolarstämme. Hier und im folgenden werden „Guttural" und „Dental" als traditionelle Bezeichnungen beibehalten, da (nur) sie weiterhin in den (deutschsprachigen) Lehrbüchern und Nachschlagewerken verwendet werden.

[11] Velarstämme. S. auch FN 10.

L 15 Konsonantische Deklination II: Muta*-Stämme

▶ *II. Substantive, Eigennamen*[12]

1. Stamm endet auf Dental / T-Laut (δ, τ, θ)

m. ὁ πούς, ποδός   Fuß

f. ἡ χάρις, χάριτος   Gnade   χαίρω, ἡ χαρά L 13
    ἡ νύξ, νυκτός   Nacht   *D Pl.:* νυξί(ν)
                       νυκτός   nachts

n. τὸ αἷμα, αἵματος   Blut
                          Τοῦτό ἐστιν τὸ αἷμά μου... (Mk 14,24)
    τὸ θέλημα, θελήματος   Wille   θέλω   L 6
    τὸ ὄνομα, ὀνόματος   Name   ἐν ὀνόματι κυρίου
    τὸ οὖς, ὠτός !   Ohr
    τὸ πνεῦμα, πνεύματος   Geist   ἐν πνεύματι ἁγίῳ
    τὸ ῥῆμα, ῥήματος   Wort, Sache
    τὸ στόμα, στόματος   Mund
    τὸ σῶμα, σώματος   Körper
                          ...τοῦτό ἐστιν τὸ σῶμά μου. (Mk 14,22)
    τὸ ὕδωρ, ὕδατος !   Wasser   ὕδωρ ζωῆς
    τὸ φῶς, φωτός   Licht
                          Ἐν αὐτῷ ζωὴ ἦν, καὶ ἡ ζωὴ ἦν τὸ φῶς τῶν ἀνθρώπων. (Joh 1,4)
    τὸ χάρισμα, χαρίσματος   Gabe, Gnadengeschenk   ἡ χάρις

2. Stamm endet auf Guttural / K-Laut (γ, κ, χ)

f. ἡ γυνή, γυναικός !   Frau   σὺν γυναιξί(ν)
    ἡ σάρξ, σαρκός   Fleisch

3. Stamm endet auf Labial / P-Laut (β, π, φ)

(f. ἡ λαῖλαψ, λαίλαπος   Wirbelsturm; 3x im NT)

*zu den Mutae vgl. L 51

---

[12] Zusätzlich zum Nominativ wird bei der konsonantischen Deklination auch der Genitiv angegeben, da erst hier der Stamm eines Wortes erkennbar ist.

II. Konsonantische Deklination II: Muta-Stämme

1. Stamm endet auf Dental / T-Laut (δ, τ, θ)

Im (N Sgl. und) D Pl. fällt der Dental vor σ aus, ebenso im Auslaut (n.)

m.	Art.	End.	Stamm: ποδ-	n.	Art.	End.	Stamm: πνευματ-	Stamm: φωτ-
Sgl.								
N	ὁ	-ς	πούς		τό	--- / -ς	πνεῦμα	φῶς
G	τοῦ	-ος	ποδός		τοῦ	-ος	πνεύματος	φωτός
D	τῷ	-ι	ποδί		τῷ	-ι	πνεύματι	φωτί
A	τόν	-α	πόδα		τό	---	πνεῦμα	φῶς
Pl.								
N	οἱ	-ες	πόδες		τά	-α	πνεύματα	φῶτα
G	τῶν	-ων	ποδῶν		τῶν	-ων	πνευμάτων	φώτων !
D	τοῖς	-σι(ν)	ποσί(ν)		τοῖς	-σι(ν)	πνεύμασι(ν)	φωσί(ν)
A	τούς	-ας	πόδας		τά	-α	πνεύματα	φῶτα

2. Stamm endet auf Guttural / K-Laut (γ, κ, χ)

Im (N Sgl. und) D Pl. verschmelzen der Guttural und das σ zu ξ.

f.	Art.	End.	Stamm: χαριτ-	f.	Stamm: σαρκ-	Stamm: γυναικ-
Sgl.						
N	ἡ	-ς	χάρις		σάρξ	γυνή
G	τῆς	-ος	χάριτος		σαρκός	γυναικός
D	τῇ	-ι	χάριτι		σαρκί	γυναικί
A	τήν	-α -ν	χάριτα / χάριν		σάρκα	γυναῖκα
Pl.						
N	αἱ	-ες	χάριτες		σάρκες	γυναῖκες
G	τῶν	-ων	χαρίτων		σαρκῶν	γυναικῶν
D	ταῖς	-σι(ν)	χάρισι(ν)		σαρξί(ν)	γυναιξί(ν)
A	τάς	-ας	χάριτας		σάρκας	γυναῖκας

3. Stamm endet auf Labial / P-Laut (β, π, φ)

Im (N Sgl. und) D Pl. verschmelzen der Labial und das σ zu ψ.

L 16 Konsonantische Deklination III: Liquida*-Stämme

I. Verben

ἄρχω   *Akt.:* herrschen (über: + G)
          Med.: anfangen, beginnen

▶ *II. Substantive, Eigennamen*

1. Stamm endet auf -ν / -ντ

m. ὁ αἰών, αἰῶνος   Zeitalter, Ewigkeit
     ὁ ἄρχων, ἄρχοντος   Herrscher   ἄρχω
     ὁ Ἕλλην, Ἕλληνος   Grieche   τοῖς Ἕλλησι(ν)

     (ὁ) Σίμων, Σίμωνος   Simon   Σίμων Πέτρος

2. Stamm endet auf -ρ

m. ὁ μάρτυς, μάρτυρος   Zeuge   μαρτυρέω, ἡ μαρτυρία L 11

f. ἡ χείρ, χειρός   Hand   ταῖς χερσί(ν) !

n. τὸ πῦρ, πυρός   Feuer

3. Stamm im N endet auf -(τ)ηρ

m. ὁ ἀνήρ, ἀνδρός   Mann   οἱ ἄνδρες, τοῖς ἀνδράσι(ν)
     ὁ πατήρ, πατρός   Vater

f. ἡ θυγάτηρ, θυγατρός   Tochter   θυγατέρες Ἰερουσαλήμ
     ἡ μήτηρ, μητρός   Mutter

↔ immer mit Dehnstufe:

m. ὁ σωτήρ, σωτῆρος   Retter   τοῖς σωτῆρσι(ν)
                                        σῴζω L 7, ἡ σωτηρία L 5

*zu den Liquidae vgl. L 52

II. Konsonantische Deklination III: Liquida-Stämme

1. Stamm endet auf -ν / -ντ

Im D Pl. fällt ν vor σ aus; ντ vor σ fällt unter Ersatzdehnung aus.

2. auf -ρ

Im (N Sgl. und) D Pl. fällt ρ vor σ z. T. aus.

m.			Stamm:	Stamm:	m.		Stamm:
	Art.	End.	αἰων-	ἀρχοντ-		End.	μαρτυρ-
Sgl.							
N	ὁ	---	αἰών	ἄρχων		-ς	μάρτυς
G	τοῦ	-ος	αἰῶνος	ἄρχοντος		-ος	μάρτυρος
D	τῷ	-ι	αἰῶνι	ἄρχοντι		-ι	μάρτυρι
A	τὸν	-α	αἰῶνα	ἄρχοντα		-α	μάρτυρα
Pl.							
N	οἱ	-ες	αἰῶνες	ἄρχοντες		-ες	μάρτυρες
G	τῶν	-ων	αἰώνων	ἀρχόντων		-ων	μαρτύρων
D	τοῖς	-σι(ν)	αἰῶσι(ν)	ἄρχουσι(ν)!		-σι(ν)	μάρτυσι(ν)
A	τοὺς	-ας	αἰῶνας	ἄρχοντας		-ας	μάρτυρας

Verwechselbare Formen: ἄρχουσι(ν) 3. Ps. Pl. Ind. Akt. ἄρχω (Form nicht im NT)
ἄρχουσι(ν) D Pl. m. ὁ ἄρχων

3. Stamm im N endet auf -(τ)ηρ

Der Stamm zeigt sich in drei Stufen (Grundstufe, Dehnstufe, Schwundstufe), s.u.

m.			Stamm*	f.			Stamm*
	Art.	End.			Art.	End.	
Sgl.							
N	ὁ	---	πατήρ		ἡ	---	μήτηρ
G	τοῦ	-ος	πατρός		τῆς	-ος	μητρός
D	τῷ	-ι	πατρί		τῇ	-ι	μητρί
A	τὸν	-α	πατέρα		τὴν	-α	μητέρα
Pl.							
N	οἱ	-ες	πατέρες		αἱ	-ες	μητέρες
G	τῶν	-ων	πατέρων		τῶν	-ων	μητέρων
D	τοῖς	-σι(ν)	πατράσι(ν)		ταῖς	-σι(ν)	μητράσι(ν)
A	τοὺς	-ας	πατέρας		τὰς	-ας	μητέρας

*Stamm: Grundstufe   → πατερ   μητερ   (mit ε)
         Schwundstufe → πατρ   μητρ   (ohne ε)
         Dehnstufe   → πατηρ   μητηρ   (ε gedehnt zu η)

L 17 Adjektive μέγας und πολύς

I. Verben

ἄγω	führen; gehen	ὑπάγω	L 13
συνάγω	sammeln, versammeln		
	Pass. auch: sich versammeln, zusammenkommen		

ἀφίημι	erlassen; verlassen	→ L 56-63 §
δίδωμι	geben, übergeben	→ L 56-63 §
παραδίδωμι	überliefern; ausliefern	
ἵστημι	*trans.* stellen	→ L 56-63 §
ἵσταμαι	*intrans.* stehen (bleiben), hintreten, sich stellen	
	(direktes Medium)	
ἀνίστημι	*trans.* aufstellen	
ἀνίσταμαι	*intrans.* aufstehen	
τίθημι	setzen, stellen, legen	→ L 56-63 §

II. Substantive, Eigennamen

ὁ θρόνος	Thron	ἐνώπιον τοῦ θρόνου
ἡ συναγωγή	Synagoge	συνάγω

III. Adjektive

αἰώνιος, -ον*	ewig	ὁ αἰών	L 16
κακός, -ή, -όν	schlecht, böse		
▶ μέγας, μεγάλη, μέγα	groß		
μικρός, -ά, -όν	klein		
▶ πολύς, πολλή, πολύ	viel; *Pl.:* viele		

V. Präpositionen, VI. Adverbien, Konjunktionen, Interjektionen

ἐνώπιον	+ G: vor *(uneigentliche Präposition)*
ἕως	bis... (zu); solange bis / wie *(uneig. Präp. + G;*
	Konjunktion)
τέ	und *(nachgestellt)* Ἰουδαῖοι τε καὶ Ἕλληνες

*zweiendiges Adjektiv: m./f. -ος; n. -ον

III. Adjektive μέγας und πολύς

1. μέγας, μεγάλη, μέγα groß

	m.	f.	n.	Endungen der O- und A-Dekl.; Ausnahmen:
Sgl.				
N	μέγας	μεγάλη	μέγα	m./n. kons. Dekl.; Stamm!
G	μεγάλου	μεγάλης	μεγάλου	
D	μεγάλῳ	μεγάλῃ	μεγάλῳ	
A	μέγαν	μεγάλην	μέγα	m./n. kons. Dekl.; Stamm!
Pl.				
N	μεγάλοι	μεγάλαι	μεγάλα	
G	μεγάλων	μεγάλων	μεγάλων	
D	μεγάλοις	μεγάλαις	μεγάλοις	
A	μεγάλους	μεγάλας	μεγάλα	

2. πολύς, πολλή, πολύ viel

	m.	f.	n.	Endungen der O- und A-Dekl.; Ausnahmen:
Sgl.				
N	πολύς	πολλή	πολύ	m./n. kons. Dekl.; Stamm!
G	πολλοῦ	πολλῆς	πολλοῦ	
D	πολλῷ	πολλῇ	πολλῷ	
A	πολύν	πολλήν	πολύ	m./n. kons. Dekl.; Stamm!
Pl.				
N	πολλοί	πολλαί	πολλά	
G	πολλῶν	πολλῶν	πολλῶν	
D	πολλοῖς	πολλαῖς	πολλοῖς	
A	πολλούς	πολλάς	πολλά	

Beispiele L 17 zu μέγας *und* πολύς

μετὰ φωνῆς μεγάλης	mit lauter Stimme
μετὰ δὲ πολὺν χρόνον	aber nach langer Zeit
πολλοὶ (ἐκ) τῶν Ἰουδαίων	viele von den Juden / viele der Juden

L 18 Interrogativpronomen. Indefinitpronomen

I. Verben

ἀπόλλυμι	*Akt.*: verderben, vernichten	→ L 64 §
	Med.: zugrunde gehen	
κάθημαι	sitzen, sich setzen	→ L 65
οἶδα	wissen, kennen, verstehen	→ L 50

II. Substantive, Eigennamen

ὁ καρπός	Frucht, Ertrag
ὁ λίθος	Stein
ὁ πρεσβύτερος	Ältester

ἡ ἀπώλεια	Verderben	ἀπόλλυμι

▶ *IV. Pronomen*

τίς; τί;	wer?, was?; welcher, was für ein?; *n.* warum?
τις, τι	irgendeine(r), irgendetwas (enkl.; im Wörterbuch auch τὶς, τὶ)
	Τί ἐμοὶ καὶ σοί; Was habe ich mit dir zu tun? Lass mich in Ruhe! (Abweisung einer Aufforderung)

VI. Adverbien, Konjunktionen, Zahlwörter, Interjektionen

ἔτι	noch	
οὐκέτι	nicht mehr	Οὐκέτι λέγω ὑμᾶς δούλους.. (Joh 15,15)
μηκέτι	nicht mehr	

οὐχί(;)	nicht(?)	(verstärkte Verneinung; + bei rhetor. Fragen, wenn die Antwort „ja" erwartet wird)
μήτι;	(doch nicht) etwa?	(bei rhetorischen Fragen, wenn die Antwort „nein" erwartet wird)

ἐάν	wenn *(+ Konj.)*	
εἰ	wenn, ob *(+ Ind.)*	εἰ υἱὸς εἶ τοῦ θεοῦ... (Mt 27,40)
εἰ μή	wenn nicht, außer	Οὐδεὶς* ἔρχεται πρὸς τὸν πατέρα εἰ μὴ δι' ἐμοῦ. (Joh 14,6)
		*niemand, keiner s. L 19

IV. Interrogativpronomen. Indefinitpronomen

Endungen wie beim Substantiv der konsonantischen Deklination, s. L 14

Interrogativpronomen

	m. + f.	n.
Sgl.		
N	τίς	τί
G	τίνος	τίνος
D	τίνι	τίνι
A	τίνα	τί
Pl.		
N	τίνες	τίνα
G	τίνων	τίνων
D	τίσι(ν)	τίσι(ν)
A	τίνας	τίνα

Indefinitpronomen

	m. + f.	n.
Sgl.		
N	τις (τὶς)	τι (τὶ)
G	τινός	τινός
D	τινί	τινί
A	τινά	τι (τὶ)
Pl.		
N	τινές	τινά
G	τινῶν	τινῶν
D	τισί(ν)	τισί(ν)
A	τινάς	τινά

Beispiele L 18

1. Zum Indefinitpronomen

Μὴ ἀγαπᾶτε τὸν κόσμον μηδὲ τὰ ἐν τῷ κόσμῳ. ἐάν τις ἀγαπᾷ* τὸν κόσμον, οὐκ ἔστιν ἡ ἀγάπη τοῦ πατρὸς ἐν αὐτῷ.

Liebt nicht die Welt und nicht, was in der Welt ist! Wenn einer die Welt liebt, ist die Liebe des Vaters nicht in ihm.
(1Joh 2,15; s. auch L 12 §)

2. Zu rhetorischen Fragen

Οὐχὶ υἱός ἐστιν Ἰωσὴφ οὗτος;

Ist dieser nicht der Sohn Josefs?
(Lk 4,22)

Μήτι οὗτός ἐστιν ὁ υἱὸς Δαυίδ;

Ist dieser etwa der Sohn Davids? / Dieser ist doch nicht etwa der Sohn Davids? (Mt 12,23)

3. Zu εἰ

Εἰ οὐ ποιῶ τὰ ἔργα τοῦ πατρός μου, μὴ πιστεύετέ μοι.

Wenn ich nicht die Werke meines Vaters vollbringe, glaubt mir nicht!
(Joh 10,37)

*Konjunktiv der Verba contracta s. L 42

L 19 πᾶς. εἷς

II. Substantive, Eigennamen

τὸ ἱμάτιον	Kleid, Gewand
τὸ παιδίον	(kleines) Kind

III. Adjektive

▶ πᾶς, πᾶσα, πᾶν   jeder, ganz; *Pl.:* alle   τὰ πάντα   alles, das All
ἅπας, ἅπασα, ἅπαν   jeder, ganz; *Pl.:* alle
ὅλος, ὅλη, ὅλον   ganz, vollständig

VI. Adverbien, Konjunktionen, Zahlwörter, Interjektionen

πάντοτε	immer, stets	σὺ πάντοτε μετ᾽ ἐμοῦ εἶ... (Lk 15,31)
πανταχοῦ	überall	...καθὼς πανταχοῦ ἐν πάσῃ ἐκκλησίᾳ διδάσκω. (1Kor 4,17)

▶
εἷς, μία, ἕν	1	(einer, eine, eines)*
δύο	2	Ἀποστέλλει δύο τῶν μαθητῶν αὐτοῦ... (Mk 11,1)
τρεῖς, τρία**	3	Μετὰ τρεῖς ἡμέρας ἐγείρομαι. (Mt 27,63)
τέσσαρες, τέσσαρα**	4	
πέντε	5	Μετὰ δὲ πέντε ἡμέρας... (Apg 24,1)
ἕξ	6	
ἑπτά	7	Ἰωάννης ταῖς ἑπτὰ ἐκκλησίαις... (Offb 1,4)
ὀκτώ	8	
ἐννέα	9	
δέκα	10	
ἕνδεκα	11	
δώδεκα	12	Τῶν δὲ δώδεκα ἀποστόλων τὰ ὀνόματά ἐστιν ταῦτα... (Mt 10,2)

*Zusammensetzungen aus οὐδέ / μηδέ (s. L 9) und εἷς, μία, ἕν:

οὐδείς, οὐδεμία, οὐδέν	niemand, nichts; keiner, keine, keines
μηδείς, μηδεμία, μηδέν	niemand, nichts; keiner, keine, keines

**analog zum zweiendigen Adjektiv: erste Form m./f., zweite Form n.

III. πᾶς

Endungen m./n. wie beim Substantiv der kons. Dekl., s. L 14; f. A-Dekl.

	m.	f.	n.
Sgl.			
N	πᾶς	πᾶσα	πᾶν
G	παντός	πάσης	παντός
D	παντί	πάσῃ	παντί
A	πάντα	πᾶσαν	πᾶν
Pl.			
N	πάντες	πᾶσαι	πάντα
G	πάντων	πασῶν	πάντων
D	πᾶσι(ν)	πάσαις	πᾶσι(ν)
A	πάντας	πάσας	πάντα

VI. εἷς

Endungen m./n. wie beim Substantiv der kons. Dekl., s. L 14; f. A-Dekl.

	m.	f.	n.
Sgl.			
N	εἷς	μία	ἕν
G	ἑνός	μιᾶς	ἑνός
D	ἑνί	μιᾷ	ἑνί
A	ἕνα	μίαν	ἕν

Beispiele:

μία ἡμέρα
τοῦ ἑνὸς ἀνθρώπου
ἐν ἑνὶ πνεύματι
μετὰ μίαν ἡμέραν

Beispiele L 19

1. Zu πᾶς

πᾶς ἄνθρωπος	jeder Mensch
ὁ πᾶς νόμος	das gesamte / ganze Gesetz
πᾶς ὁ κόσμος	die ganze Welt
πάντες οἱ προφῆται	alle Propheten

2. Zu εἷς

Ἄκουε, Ἰσραήλ, κύριος ὁ   Höre, Israel, der Herr, unser Gott ist
θεὸς ἡμῶν κύριος εἷς ἐστιν.   der einzige / ein einziger Herr.
(Mk 12,29 Zit. Dtn 6,4)

L 20 Futur

I. Verben

ἐσθίω	essen	
εὐαγγελίζω	*Akt. / Med.:* gute Botschaft bringen, Gutes verkündigen	τὸ εὐαγγέλιον L 5
κηρύσσω	verkündigen	
πίνω	trinken	
ἐντέλλομαι	beauftragen, gebieten, befehlen	
λύω	lösen; zerstören	
ἀπολύω	los-, entlassen; befreien	
καταλύω	zerstören; abschaffen	

αἰτέω   *Akt. / Med.:* bitten, fordern
Ἐν ἐκείνῃ τῇ ἡμέρᾳ ἐν τῷ ὀνόματί μου αἰτήσεσθε...
(Joh 16,26)

δοκέω	scheinen; meinen	
δοκεῖ	es scheint (gut)	Τί ὑμῖν δοκεῖ; (Mt 18,12)
θεωρέω	schauen, betrachten	
τηρέω	bewachen, bewahren	

Ἐάν τις ἀγαπᾷ* με τὸν λόγον μου τηρήσει, καὶ ὁ
πατήρ μου ἀγαπήσει αὐτὸν... (Joh 14,23)

ἐρωτάω	fragen, bitten
ἐπερωτάω	fragen

II. Substantive, Eigennamen

ἡ ἐντολή	Gebot, Gesetz	ἐντέλλομαι
ἡ κεφαλή	Kopf, Haupt	
ἡ σοφία	Weisheit	

ἡ Ἰουδαία	Judäa	(ὁ) Ἰουδαῖος L 11
ἡ Σαμάρεια	Samaria	

*Konjunktiv der Verba contracta s. L 42

I. Futur
Indikativ

	Endungen	Aktiv
Sgl.		
1	-σ ω	πιστεύσω
2	-σ εις	πιστεύσεις
3	-σ ει	πιστεύσει
Pl.		
1	-σ ομεν	πιστεύσομεν
2	-σ ετε	πιστεύσετε
3	-σ ουσι(ν)	πιστεύσουσι(ν)

Bildung der Endungen:

Aktiv   σ ω
Medium   σ ομαι
Passiv   θη σ ομαι
→
Futurkennzeichen: σ (Akt./Med./Pass.)
Passivkennzeichen: θη (nur Pass.)
Endungen aus dem Präsens

	Endungen	Medium	Endungen	Passiv
Sgl.				
1	-σ ομαι	πιστεύσομαι	-θη σ ομαι	πιστευθήσομαι
2	-σ η <εσαι	πιστεύση	-θη σ η <εσαι	πιστευθήση
3	-σ εται	πιστεύσεται	-θη σ εται	πιστευθήσεται
Pl.				
1	-σ ομεθα	πιστευσόμεθα	-θη σ ομεθα	πιστευθησόμεθα
2	-σ εσθε	πιστεύσεσθε	-θη σ εσθε	πιστευθήσεσθε
3	-σ ονται	πιστεύσονται	-θη σ ονται	πιστευθήσονται

Infinitiv

Akt.	-σειν	< σ ειν	πιστεύσειν
Med.	-σεσθαι	< σ εσθαι	πιστεύσεσθαι
Pass.	-θησεσθαι	< θη σ εσθαι	πιστευθήσεσθαι

→ *Futurbildung der Verba contracta*

Die Verba contracta dehnen vor dem Sigma und Theta des Futurs ihren
Stammauslaut: ε und α zu η   ποιέω   → ποιήσω
                              ἀγαπάω   → ἀγαπηθήσομαι
              ο zu ω   πληρόω   → πληρώσω

→ *zur Futurbildung der Verba muta s. L 21*
→ *zur Futurbildung der Verba liquida s. L 53*

L 21 Futur und Imperativ von εἰμί

I. Verben

διώκω	verfolgen	
δοξάζω	preisen, verherrlichen	ἡ δόξα L 3
ἑτοιμάζω	bereiten	
ἀσπάζομαι	grüßen	
δέχομαι	nehmen, empfangen	

II. Substantive, Eigennamen

ὁ ἀσπασμός	Gruß	ἀσπάζομαι
ὁ ναός	Tempel	
ἡ ἔρημος	Wüste, Einöde	
ἡ σκοτία	Finsternis, Dunkelheit	
τὸ μέσον	Mitte	
τὸ σάββατον	Sabbat; Woche	
	τοῖς σάββασιν am Sabbat	
(ὁ) Ἰακώβ indekl.	Jakob(us)	
(ὁ) Ἰάκωβος	Jakobus	

III. Adjektive

ἔρημος, -ον*	verlassen, öde, leer	ἡ ἔρημος
λοιπός, -ή, -όν	übrig	
	οἱ λοιποί die anderen	
μέσος, -η, -ον	mitten, in der Mitte befindlich	τὸ μέσον

VI. Adverbien, Konjunktionen, Zahlwörter, Interjektionen

κἀγώ	<	καί + ἐγώ und ich *(Krasis)*
		Κἀγὼ δέ σοι λέγω ὅτι σὺ εἶ Πέτρος... (Mt 16,18)
μᾶλλον		mehr, eher; vielmehr

*zweiendiges Adjektiv: m./f. -ος; n. -ον

L 21: Futur und Imperativ von εἰμί

I. Futur von εἰμί   *Imperativ von εἰμί*

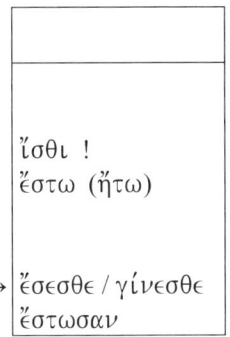

	mediale Futurformen mit aktiver Bedeutung	
Sgl.		
1	ἔσομαι	
2	ἔσῃ (< -εσαι)	ἴσθι !
3	ἔσται	ἔστω (ἤτω)
Pl.		
1	ἐσόμεθα	
2	ἔσεσθε	→ ἔσεσθε / γίνεσθε
3	ἔσονται	ἔστωσαν

im NT statt ἔστε verwendet

Infinitiv ἔσεσθαι

→ *Futurbildung der Verba muta**:

Das Sigma des Futurs bewirkt folgende Änderungen:

1. Gutturale / K-Laute (γ, κ, χ) und σσ (auch z. T. ζ) + σ = ξ:

| ἄγω | L 17 | → ἄξω | ἀνοίγω | L 13 | → ἀνοίξω |
| διδάσκω | L 7 | → διδάξω | κηρύσσω | L 20 | → κηρύξω |

2. Labiale / P-Laute (β, π, φ) und die Verbindung πτ + σ = ψ:

| βλέπω | L 6 | → βλέψω | γράφω | L 6 | → γράψω |
| κλέπτω | L 6 | → κλέψω | πέμπω | L 8 | → πέμψω |

3. Dentale / T-Laute (δ, τ, θ) und ζ (z. T.) fallen vor σ weg:

| βαπτίζω | L 10 | → βαπτίσω | σῴζω | L 7 | → σώσω |

*zu den Verba muta s. bes. L 51

Beispiele L 21 zum Futur und Imperativ von εἰμί

...καὶ ἔσεσθέ μου μάρτυρες ἔν τε Ἰερουσαλὴμ καὶ ἐν πάσῃ τῇ Ἰουδαίᾳ καὶ Σαμαρείᾳ καὶ ἕως ἐσχάτου τῆς γῆς.

...und ihr werdet / sollt meine Zeugen sein in Jerusalem und in ganz Judäa und Samaria und bis an das Ende der Erde. (Apg 1,8)

L 22 Possessivadjektiv. Relativpronomen

IV. Pronomen, VI. Adverbien, Konjunktionen, Zahlwörter, Interjektionen

▶ ἐμός, ἐμή, ἐμόν   meiner, meine, meines (Possessivpronomen)
▶ σός, σή, σόν   deiner, deine, deines

▶ ἡμέτερος, -τέρα, -τερον   unser, unsere, unser/unseres
▶ ὑμέτερος, -τέρα, -τερον   euer, eure, euer/eures

→ alle flektiert nach der O- und A-Deklination; verwendet wie ein attributives Adjektiv. Zur Besitzanzeige bei der 3. Ps. wird der Genitiv des Personalpronomens verwendet (L 7).

▶ ὅς, ἥ, ὅ   der, die, das (Relativpronomen)
▶ ὅστις, ἥτις, ὅ τι   der, die, das (auch immer; verallgemeinerndes Relativpronomen; im NT nur N Sgl. und Pl.)

ποῖος, ποία, ποῖον;   wie (beschaffen), welcher, welche, welches?
οἷος, οἵα, οἷον   wie (Relativpronomen)
τοιοῦτος, -αύτη, -οῦτον/-οῦτο   so, derartig

πόσος, πόση, πόσον;   wie (groß), wie viel(e)?
ὅσος, ὅση, ὅσον   wie (groß), wie viel (Relativpronomen)
τοσοῦτος, -αύτη, -οῦτον   so groß, so viel

ποῦ;   wo, wohin?   Ποῦ ὁ χριστὸς γεννᾶται; (Mt 2,4)
οὗ   wo, wohin
ὅπου   wo(hin); insofern, da   Καὶ εἰσπορεύεται ὅπου ἦν* τὸ παιδίον. (Mk 5,40)

πότε;   wann?   Πότε ταῦτα ἔσται; (Mt 24,3)
ποτέ   irgendeinmal, einst   Οἵ ποτε οὐ λαὸς νῦν δὲ λαὸς θεοῦ. (1Petr 2,10)
τότε   dann, darauf, damals Τότε ὁ Παῦλος πρὸς αὐτὸν εἶπεν... (Apg 23,3)
ὅταν   wenn *(+ Konj.)*   Ὅταν προσεύχησθε** λέγετε... (Lk 11,2)
                                  Ὁ δὲ χριστὸς ὅταν ἔρχηται** οὐδεὶς γινώσκει πόθεν ἐστίν. (Joh 7,27)
ὅτε   als, da, nachdem

*Imperfekt von εἰμί s. L 33; **Konjunktiv Präsens s. L 41

IV. Relativpronomen

Formen wie Artikel ohne τ (Ausnahme: N Sgl. m.); Das Relativpronomen besitzt einen Akzent und den Spiritus asper.

	m.		f.		n.	
Sgl.						
N	ὅς	ὅστις*	ἥ	ἥτις*	ὅ	ὅ τι*
G	οὗ		ἧς		οὗ	
D	ᾧ		ᾗ		ᾧ	
A	ὅν		ἥν		ὅ	
Pl.						
N	οἵ	οἵτινες*	αἵ	αἵτινες*	ἅ	ἅτινα*
G	ὧν		ὧν		ὧν	
D	οἷς		αἷς		οἷς	
A	οὕς		ἅς		ἅ	

*Verallgemeinerndes Relativpronomen; zusammengesetzt aus dem einfachen Relativpronomen und dem Indefinitpronomen [s. L 18] (beide Bestandteile werden dekliniert!); im N Sgl. n. auseinandergeschrieben zur Unterscheidung von ὅτι [s. L 13]

Beispiele L 22 zum Relativpronomen

Ὁ ἄνθρωπος... ἐν ᾧ ἦν τὸ πνεῦμα τὸ πονηρόν...	Der Mensch..., in dem der böse Geist war... (Apg 19,16)
Οὐ ποιεῖτε ἃ λέγω.	Ihr tut nicht, was ich sage. (Lk 6,46)
Καὶ εἶπεν αὐτοῖς ὁ ἄγγελος· μὴ φοβεῖσθε, ἰδοὺ γὰρ εὐαγγελίζομαι ὑμῖν χαρὰν μεγάλην ἥτις ἔσται παντὶ τῷ λαῷ.	Und der Engel sagte zu ihnen: Fürchtet euch nicht, denn seht, ich verkündige euch eine große Freude, die dem ganzen Volk (zuteil) werden soll. (Lk 2,10)
Οὐχ οἷον δὲ ὅτι...	(Es ist) aber nicht so, dass... (Röm 9,6)
Ὅσοι γὰρ πνεύματι θεοῦ ἄγονται, οὗτοι υἱοὶ θεοῦ εἰσιν.	Denn die, die vom Geist Gottes geführt werden, diese sind Söhne Gottes. (Röm 8,14)
Πάντες ὅσοι ἦλθον πρὸ ἐμοῦ κλέπται εἰσίν...	Alle, die vor mir kamen, sind Diebe... (Joh 10,8)

L 23 Konsonantische Deklination IV: σ- und ι-Stämme

▶ *II. Substantive, Eigennamen*

1. σ-Stämme

τὸ ἔθνος, ἔθνους	Volk; *Pl.*: Heiden		
τὸ ἔθος, ἔθους	Gebrauch, Sitte		
τὸ ἔτος, ἔτους	Jahr	κατ' ἔτος	jährlich
τὸ πλῆθος, πλήθους	Menge, Schar		
τὸ σκότος, σκότους	Finsternis, Dunkelheit	ἡ σκοτία	L 21
τὸ τέλος, τέλους	Ziel; Ende		

Ἐγὼ τὸ ἄλφα καὶ τὸ ὦ, ὁ πρῶτος καὶ ὁ ἔσχατος, ἡ ἀρχὴ καὶ τὸ τέλος. (Offb 22,13)

2. ι-Stämme

ἡ γνῶσις, γνώσεως	Wissen, Erkenntnis	γινώσκω	L 6
ἡ δύναμις, δυνάμεως	Kraft, Macht; Wunder	δύναμαι	L 10
ἡ κρίσις, κρίσεως	Gericht, Strafe	κρίνω	L 7
ἡ παράκλησις, παρακλήσεως	Trost; Ermahnung	παρακαλέω	L 11
ἡ πίστις, πίστεως	Glaube, Vertrauen	πιστεύω	L 6
ἡ πόλις, πόλεως	Stadt		

III. Adjektive

▶ ἀληθής, -ές* wahr, wahrhaftig ἡ ἀλήθεια L 3
ἀληθινός, -ή, -όν wahr, wahrhaftig; echt
δυνατός, -ή, -όν stark, mächtig; möglich ἡ δύναμις
Παρὰ δὲ θεῷ πάντα δυνατά. (Mt 19,26)
ἀδύνατος, -ον* kraftlos; unmöglich ↔ δυνατός
ἰσχυρός, -ά, -όν stark
πιστός, -ή, -όν treu, zuverlässig; gläubig ἡ πίστις
Πιστὸς ὁ λόγος. (1Tim 3,1)

*zweiendige Adjektive: m./f. -ης, -ος; n. -ες, -ον

II. / III. Konsonantische Deklination IV

1. σ-Stämme (Substantiv)   (Adjektiv; zweiendig)

n.					m. + f.	n.
	Art.	End.	Stamm: ἐθνεσ-	entstanden aus:*	Stamm: ἀληθεσ-	
Sgl.						
N	τό	---	ἔθνος	< ἔθνες (Ablaut zu o)	ἀληθής	ἀληθές
G	τοῦ	-[ους]	ἔθνους	< ἔθνεσ ος	ἀληθοῦς	ἀληθοῦς
D	τῷ	-ι	ἔθνει	< ἔθνεσ ι	ἀληθεῖ	ἀληθεῖ
A	τό	---	ἔθνος	< ἔθνες (Ablaut zu o)	ἀληθῆ	ἀληθές
Pl.						
N	τά	-[η]	ἔθνη	< ἔθνεσ α	ἀληθεῖς	ἀληθῆ
G	τῶν	-ων	ἐθνῶν	< ἔθνεσ ων	ἀληθῶν	ἀληθῶν
D	τοῖς	-σι(ν)	ἔθνεσι(ν)	< ἔθνεσ σι(ν)	ἀληθέσι(ν)	ἀληθέσι(ν)
A	τά	-[η]	ἔθνη	< ἔθνεσ α	ἀληθεῖς	ἀληθῆ

*σ zwischen Vokalen (und vor -σιν D Pl.) schwindet; die verbleibenden Vokale werden kontrahiert.

2. ι-Stämme

f.			Stamm:	Stamm:
	Art.	Endungen	πολι-, πολε-*	πιστι-, πιστε-*
Sgl.				
N	ἡ	-ς	πόλις	πίστις
G	τῆς	-[ως] < πολη(j) ος**	πόλεως	πίστεως
D	τῇ	-ι	πόλει	πίστει
A	τήν	-ν	πόλιν	πίστιν
Pl.				
N	αἱ	-[εις] < πολε(j) ες	πόλεις	πίστεις
G	τῶν	-ων	πόλεων	πίστεων
D	ταῖς	-σι(ν)	πόλεσι(ν)	πίστεσι(ν)
A	τάς	-[εις] < πολε(j) ες	πόλεις	πίστεις

*ursprünglicher Stamm mit j: πολεj-, πιστεj-
**G Sgl. πόλεως, πίστεως durch Quantitätentausch *[metathesis quantitatum]* (‹langer Vokal + kurzer Vokal› wird ersetzt durch ‹kurzer Vokal + langer Vokal›) aus πόληος, πίστηος (Dehnstufe), < πολη(j)ος, πιστη(j)ος

L 24 Konsonantische Deklination V: ϝ- und υ-Stämme.
EN Μωϋσῆς

II. Substantive, Eigennamen

(ὁ) Ἡρῴδης	Herodes	ὁ βασιλεὺς Ἡρῴδης
(ὁ) Πιλᾶτος	Pilatus	

▶ 1. ϝ-(= Digamma-)Stämme

ὁ βασιλεύς, βασιλέως	König	ἡ βασιλεία	L 5
ὁ γραμματεύς, γραμματέως	Schriftgelehrter	γράφω L 6, ἡ γραφή L 5	
ὁ ἱερεύς, ἱερέως	Priester		
ὁ ἀρχιερεύς, ἀρχιερέως	Hoherpriester		
(ὁ) Μωϋσῆς	Mose	Μωϋσῆς γὰρ εἶπεν...	
τοῦ Μωϋσέως		κατὰ τὸν νόμον Μωϋσέως	
τῷ Μωϋσῇ			
τὸν Μωϋσῆν			

▶ 2. υ-Stämme

ὁ ἰσχύς, ἰσχύος	Kraft, Stärke	ἰσχυρός	L 23
ὁ ἰχθύς, ἰχθύος	Fisch	+ s. L 24 §	

III. Adjektive, V. Präpositionen, VI. Adverbien, Konjunktionen, Interjektionen

εὐθύς, -εῖα, -ύ	gerade
εὐθύς	*als Adverb:* sofort (Mk)
εὐθέως	sofort *(Adverb)*

ἔμπροσθεν	vor *(uneigentliche Präposition + G)*; vorne *(Adverb)*
πρό	+ G: vor *(lokal und temporal)*
	Ἰδοὺ ἐγὼ ἀποστέλλω τὸν ἄγγελόν μου πρὸ προσώπου σου, ὃς κατασκευάσει* τὴν ὁδόν σου ἔμπροσθέν σου. (Mt 11,10)

ἐγγύς	nahe Ἐγγύς ἐστιν ἡ βασιλεία τοῦ θεοῦ. (Lk 21,31)
μακράν	fern, weit
ἤδη	schon, bereits Τὸ φῶς τὸ ἀληθινὸν ἤδη φαίνει*. (1Joh 2,8)

*s. L 25

II. Konsonantische Deklination V

1. ϝ-Stämme

m.				Stamm: βασιλευ-, βασιλε-*	Stamm: ἱερευ-, ἱερε-*
	Art.	Endungen			
Sgl.					
N	ὁ	-ς		βασιλεύς	ἱερεύς
G	τοῦ	-[ως]	< βασιληυ(ϝ) ος **	βασιλέως	ἱερέως
D	τῷ	-ι		βασιλεῖ	ἱερεῖ
A	τόν	-α		βασιλέα	ἱερέα
Pl.					
N	οἱ	-[εις]	< βασιλε(ϝ) ες	βασιλεῖς	ἱερεῖς
G	τῶν	-ων		βασιλέων	ἱερέων
D	τοῖς	-σι(ν)		βασιλεῦσι(ν)	ἱερεῦσι(ν)
A	τούς	-[εις]	< βασιλε(ϝ) ες	βασιλεῖς	ἱερεῖς

*ursprünglicher Stamm mit Digamma: βασιλεϝ-, ἱερεϝ-
**analog zu πόλις, s. L 23 §

2. υ-Stämme

m.			Stamm: ἰχθυ-
	Art.	Endungen	
Sgl.			
N	ὁ	-ς	ἰχθύς
G	τοῦ	-ος	ἰχθύος
D	τῷ	-ι	ἰχθύι
A	τόν	-ν	ἰχθύν
Pl.			
N	οἱ	-ες	ἰχθύες
G	τῶν	-ων	ἰχθύων
D	τοῖς	-σι(ν)	ἰχθύσι(ν)
A	τούς	-ας	ἰχθύας

Ἰ	→	Ἰησοῦς
Χ	→	Χριστός
Θ	→	Θεοῦ
Υ	→	Υἱός
Σ	→	Σωτήρ

L 25   Schwacher Aorist (= Aorist I) I: Formen

I. Verben

βλασφημέω	lästern, verleumden	
ἐγγίζω	sich nähern	ἐγγύς L 24
εὐλογέω	preisen, segnen	
ἰσχύω	stark, kräftig sein	ὁ ἰσχύς L 24, ἰσχυρός L 23
κατασκευάζω	(zu-)bereiten; erschaffen	
μετανοέω	umkehren, Buße tun	
ὀφείλω	schuldig sein; müssen	
πάσχω	leiden, erleiden	
φυλάσσω	bewachen	
φαίνω	leuchten, scheinen	
φαίνομαι	scheinen; erscheinen	
ἐργάζομαι	tun, arbeiten	
	Εἴ τις οὐ θέλει ἐργάζεσθαι μηδὲ ἐσθιέτω.	
		(2Thess 3,10)
μέλλω	+ Inf. / AcI: im Begriff stehen, eben dabei sein; beabsichtigen; müssen, sollen	μέλλει πάσχειν
	als Ptz.:* zukünftig	ὁ αἰὼν μέλλων

II. Substantive, Eigennamen

ὁ ἐργάτης	Arbeiter	ἐργάζομαι
ὁ ὀφειλέτης	Schuldner	ὀφείλω
ὁ φύλαξ, φύλακος	Wächter	φυλάσσω
ἡ βλασφημία	Lästerung	βλασφημέω
ἡ εὐλογία	Lob, Preis; Segen	εὐλογέω
ἡ μετάνοια	Buße, Umkehr	μετανοέω
ἡ φυλακή	Wache; Gefängnis	φυλάσσω, ὁ φύλαξ
τὸ μέλλον	Zukunft	μέλλω

*Partizip s. L 29 ff

I. Schwacher Aorist I: Formen

Indikativ (mit Augment!)   **Imperativ**

	Endungen*	Aktiv
Sgl.		
1	-σα	ἐπίστευσα
2	-σας	ἐπίστευσας
3	-σε(ν)	ἐπίστευσε(ν)
Pl.		
1	-σαμεν	ἐπιστεύσαμεν
2	-σατε	ἐπιστεύσατε
3	-σαν	ἐπίστευσαν

	Endungen*	Aktiv
	-σον	πίστευσον
	-σατω	πιστευσάτω
	-σατε	πιστεύσατε
	-σατωσαν	πιστευσάτωσαν

	Endungen*	Medium
Sgl.		
1	-σαμην	ἐπιστευσάμην
2	-σω < σασο	ἐπιστεύσω
3	-σατο	ἐπιστεύσατο
Pl.		
1	-σαμεθα	ἐπιστευσάμεθα
2	-σασθε	ἐπιστεύσασθε
3	-σαντο	ἐπιστεύσαντο

	Endungen*	Medium
	-σαι	πίστευσαι
	-σασθω	πιστευσάσθω
	-σασθε	πιστεύσασθε
	-σασθωσαν	πιστευσάσθωσαν

	Endungen*	Passiv
Sgl.		
1	-θην	ἐπιστεύθην
2	-θης	ἐπιστεύθης
3	-θη	ἐπιστεύθη
Pl.		
1	-θημεν	ἐπιστεύθημεν
2	-θητε	ἐπιστεύθητε
3	-θησαν	ἐπιστεύθησαν

	Endungen*	Passiv
	-θητι < θηθι	πιστεύθητι
	-θητω	πιστευθήτω
	-θητε	πιστεύθητε
	-θητωσαν	πιστευθήτωσαν

Infinitiv

Aktiv	-σαι	< σ αι	πιστεῦσαι
Medium	-σασθαι	< σ α σθαι	πιστεύσασθαι
Passiv	-θηναι	< θ η ναι	πιστευθῆναι

*Bildung der Aoristformen s. L 26

L 26   Schwacher Aorist II: Formbildung, Augment

I. Verben

Häufige Verben mit schwachem Aorist Aktiv und Passiv aus L 1-21:

Präsens		Aorist → Aktiv	Passiv	
ἀγαπάω	L 12	ἠγάπησα	ἠγαπήθην	
αἰτέω	L 20	ᾔτησα	---	
ἀκολουθέω	L 11	ἠκολούθησα	---	
ἀκούω	L 6	ἤκουσα	ἠκούσθην	Stamm: ἀκου[σ]-
ἄρχομαι	L 16	Med. ἠρξάμην	---	
βαπτίζω	L 10	ἐβάπτισα	ἐβαπτίσθην*	
βλέπω	L 6	ἔβλεψα	---	
γεννάω	L 12	ἐγέννησα	ἐγεννήθην	
διδάσκω	L 7	ἐδίδαξα	ἐδιδάχθην	Stamm: διδαχ-
δικαιόω	L 13	ἐδικαίωσα	ἐδικαιώθην	
διώκω	L 21	ἐδίωξα	ἐδιώχθην	
ἐρωτάω	L 20	ἠρώτησα	ἠρωτήθην	
καλέω	L 11	ἐκάλεσα	ἐκλήθην	Stamm: κλη-
κηρύσσω	L 20	ἐκήρυξα	ἐκηρύχθην*	
λαλέω	L 11	ἐλάλησα	ἐλαλήθην	
λύω	L 20	ἔλυσα	ἐλύθην	
πέμπω	L 8	ἔπεμψα	ἐπέμφθην*	
περιπατέω	L 11	περιεπάτησα	---	
πιστεύω	L 6	ἐπίστευσα	ἐπιστεύθην	
πληρόω	L 13	ἐπλήρωσα	ἐπληρώθην	
ποιέω	L 11	ἐποίησα	ἐποιήθην	
σταυρόω	L 13	ἐσταύρωσα	ἐσταυρώθην	
σῴζω	L 7	ἔσωσα	ἐσώθην	
φανερόω	L 13	ἐφανέρωσα	ἐφανερώθην	
ἀσπάζομαι	L 21	Med. ἠσπασάμην	---	[akt. Bed.]
δέχομαι	L 21	Med. ἐδεξάμην	---	[akt. Bed.]
πορεύομαι	L 10	---	ἐπορεύθην	[akt. Bed.]
φοβέομαι	L 11	---	ἐφοβήθην	[akt. Bed.]

*Dentale (und z. T. ζ) werden vor θ zu σ, Gutturale (und σσ, z. T ζ) zu χ, Labiale (und πτ) zu φ, s. zu den Verba muta L 51.

I. Schwacher Aorist II

1. Formbildung (Indikativ)

	Augment*	Stamm	Bildesilbe aus Tempuszeichen σ bzw. θ und Kennvokal α bzw. η	Perso-nalend.
Akt.	ἐ	πιστευ	σα	...
Med.	ἐ	πιστευ	σα	...
Pass.	ἐ	πιστευ	θη / θε (vor ντ und Vokal)	...

*nur im Indikativ!

Die Verba contracta und Verba muta verhalten sich bei der Anfügung des Sigmas (die Verba contracta auch bei Anfügung des Thetas) wie beim Futur (L 20); Veränderungen der Verba muta vor Theta s. L 26* und L 51. Zur Aoristbildung der Verba liquida s. L 52.

2. Augment (nur im Indikativ!)

a. Bei konsonantischem Anlaut des Verbs + ἐ- *(syllabisches Augment)*:

πιστεύω → ἐπίστευσα   λύω → ἔλυσα

b. Bei vokalischem Anlaut des Verbs Dehnung *(temporales Augment)*:

α	→	η	ἀκούω	L 6	→	ἤκουσα
ε	→	η	ἐρωτάω	L 20	→	ἠρώτησα
ο	→	ω	ὁμοιόω	L 32	→	ὡμοίωσα
ι	→	ι *[lang]*	ἰσχύω	L 25	→	ἴσχυσα
υ	→	υ *[lang]*	ὑψόω	L 57	→	ὕψωσα
η	→	η	ἡσυχάζω		→	ἡσύχασα (ruhen)
ω	→	ω	ὠφελέω	L 60	→	ὠφέλησα
αι	→	η	αἰτέω	L 20	→	ᾔτησα
ει	→	ει / η	εἴκω		→	εἶξα (nachgeben)
οι	→	ῳ	οἰκοδομέω	L 27	→	ᾠκοδόμησα
αυ	→	ηυ	αὐξάνω	L 49	→	ηὔξησα !
ευ	→	ηυ / ευ	εὐφραίνω	L 43	→	ηὐφράνθην *(Pass.)*
ου	→	ου	οὐτάζω *(nur klass.)*		→	οὔταζον (verwunden; *Impf.*)

c. Bei Verba composita zwischen Präposition und Verbum simplex:

ἀπολύω	L 20	→	ἀπέλυσα	(< ἀπο* ἐ λυσα)
ἐμβλέπω	L 47	→	ἐνέβλεψα	(< ἐμ = ἐν* ἐ βλέψα)
ἐκλέγομαι	L 50	→	ἐξελεξάμην	(< ἐκ* ἐ λεξάμην)
ἐπερωτάω	L 20	→	ἐπηρώτησα	(< ἐπι* ηρωτησα)

*Vokalisch auslautende Präpositionen (außer περί und πρό) verlieren ihren Endvokal beim Zusammentreffen mit dem Augment. Die Präpositionen ἐν und σύν erhalten ihre ursprüngliche Form; ἐκ wird vor Vokal zu ἐξ.

L 27 Reflexivpronomen

I. Verben

ἀγνοέω	nicht wissen / kennen	↔ γινώσκω	L 6
ἀναγινώσκω	lesen, vorlesen	γινώσκω	L 6
ἐπιγι(γ)νώσκω	erkennen		
ἐπιθυμέω	begehren, verlangen		
εὐχαριστέω	danken, dankbar sein		
κατοικέω	wohnen, bewohnen	ὁ οἶκος L 2, ἡ οἰκία L 3	
οἰκοδομέω	errichten, erbauen; stärken		
ὑπάρχω	vorhanden sein; sein	ἄρχω	L 16
στρέφω	*Akt.:* hinwenden		
	Pass.: sich umwenden		
ἀναστρέφω	sich betragen, leben		
ἐπιστρέφω	*Akt.:* um-, zurückkehren		
	Med. / Aor. Pass.: sich umwenden		
ὑποστρέφω	zurückkehren		

Ἰωάννης δὲ... ὑπέστρεψεν εἰς Ἱεροσόλυμα.
(Apg 13,13)

II. Substantive, Eigennamen

ἡ ἀναστροφή	Lebensart, Lebenswandel	ἀναστρέφω
ἡ καταστροφή	Zerstörung, Untergang	
ἡ γλῶσσα	Zunge, Sprache	
	λαλεῖν γλώσσαις Zungenreden	
ἡ ἐπιθυμία	Begierde, Verlangen	ἐπιθυμέω
ἡ εὐχαριστία	Dank, Danksagung	εὐχαριστέω
ἡ οἰκοδομή	Bau; Erbauung	οἰκοδομέω

▶ *IV. Pronomen*

ἐμαυτοῦ, -τῆς, -τοῦ   *G:* meiner, *D:* mir, *A:* mich (Reflexivpron. 1. Ps. Sgl.)
σεαυτοῦ, -τῆς, -τοῦ   *G:* deiner, *D:* dir, *A:* dich (Reflexivpron. 2. Ps. Sgl.)
ἑαυτοῦ, -τῆς, -τοῦ   *G:* seiner, *D:* sich, *A:* sich (Reflexivpron. 3. Ps. Sgl.)
ἑαυτῶν, -τῶν, -τῶν   *G:* unser; euer; ihrer *D:* uns; euch; sich,
   A: uns; euch; sich (Reflexivpron. 1.-3. Ps. Pl.)

IV. Reflexivpronomen

Nicht im Nominativ!

	1. Ps.*		2. Ps.*		3. Ps.		
	m.	f.	m.	f.	m.	f.	n.
Sgl.							
G	ἐμαυτοῦ	ἐμαυτῆς	σεαυτοῦ	σεαυτῆς	ἑαυτοῦ	ἑαυτῆς	ἑαυτοῦ
D	ἐμαυτῷ	ἐμαυτῇ	σεαυτῷ	σεαυτῇ	ἑαυτῷ	ἑαυτῇ	ἑαυτῷ
A	ἐμαυτόν	ἐμαυτήν	σεαυτόν	σεαυτήν	ἑαυτόν	ἑαυτήν	ἑαυτό

	1.-3. Ps.		
	m.	f.	n.
Pl.			
G	ἑαυτῶν	ἑαυτῶν	ἑαυτῶν
D	ἑαυτοῖς	ἑαυταῖς	ἑαυτοῖς
A	ἑαυτούς	ἑαυτάς	ἑαυτά

*im NT **n.** nur 3. Ps. Sgl. / Pl.

Beispiele L 25-27

1. Zum schwachen Aorist

Καὶ ἤκουσα φωνὴν ἐκ τοῦ οὐρανοῦ...	Und ich hörte eine Stimme aus dem Himmel... (Offb 14,2)
Καὶ ἐκάλεσεν τὸ ὄνομα αὐτοῦ Ἰησοῦν.	Und er nannte ihn Jesus. / (Und er rief seinen Namen „Jesus".) (Mt 1,25)
Ἀλλ' οὐδ' εἰ πνεῦμα ἅγιον ἔστιν ἠκούσαμεν.	Aber wir hörten nicht einmal, ob es einen heiligen Geist gibt. (Apg 19,2)
...καὶ ἐπίστευσαν πολλοὶ ἐπὶ τὸν κύριον.	...und viele kamen zum Glauben an den Herrn. (Apg 9,42)
Καὶ ἠκολούθησαν αὐτῷ ὄχλοι πολλοὶ ἀπὸ τῆς Γαλιλαίας...	Und ihm folgten große (viele) Volksmassen aus Galiläa... (Mt 4,25)

2. Zum Reflexivpronomen

Οὐ δύναμαι ἐγὼ ποιεῖν ἀπ' ἐμαυτοῦ οὐδέν.	Von mir selbst aus kann ich überhaupt nichts tun. (Joh 5,30)

L 28 Reziprokpronomen. Wortfamilie ἀλλά

I. Verben

ἔφη	er sagte	→ L 65 §

III. Adjektive

ἀλλότριος, -ία, -ιον	fremd	
ἕτοιμος, -η, -ον	bereit	ἕτοιμος, ἑτοίμη, ἕτοιμον
		ἑτοιμάζω L 21
καινός, -ή, -όν	neu	
μακάριος, -ία, -ιον	glücklich, selig	
	Μακάριοι οἱ πτωχοὶ τῷ πνεύματι, ὅτι αὐτῶν ἐστιν ἡ βασιλεία τῶν οὐρανῶν. (Mt 5,3)	

κωφός, -ή, -όν	stumm; taub	
παραλυτικός, -ή, -όν	gelähmt	
	ὁ παραλυτικός	der Gelähmte
πτωχός, -ή, -όν	arm	
τυφλός, -ή, -όν	blind	
χωλός, -ή, -όν	lahm, gelähmt	

δεύτερος, -α, -ον	der, die, das zweite	δεύτερος, δευτέρα, δεύτερον
τρίτος, -η, -ον	der, die, das dritte	
	τῇ τρίτῃ ἡμέρᾳ	am 3. Tag

▶ *IV. Pronomen*

ἀλλήλων	einander

VI. Adverbien, Konjunktionen, Zahlwörter, Interjektionen

εἴτε	nur: εἴτε... εἴτε ob... oder
ἵνα	dass, damit, so dass
ὅπως	dass, damit *(Konjunktion)*;
	wie, auf welche Weise *(Adverb)*
ὥστε	so dass *(+ AcI)*; deshalb, daher

IV. Reziprokpronomen

| 1.-3. Ps. (nur Plural; nicht im Nominativ) |||
m.	f.	n.
Pl.		
G ἀλλήλων	ἀλλήλων	ἀλλήλων
D ἀλλήλοις	ἀλλήλαις	ἀλλήλοις
A ἀλλήλους	ἀλλήλας	ἄλληλα

Wortfamilie ἀλλά

ἀλλά	L 3
ἄλλος, -η, -ο	L 12
ἄλλως	L 32 §
ἀλλότριος, -ία, -ιον	L 28
ἀλλήλων	L 28
ἀλλάσσω	verändern, vertauschen
καταλλάσσω	versöhnen

Beispiele L 28 zum Reziprokpronomen

Εὔχεσθε ὑπὲρ ἀλλήλων...	Betet für einander... (Jak 5,16)
...καὶ δῶρα πέμψουσιν ἀλλήλοις...	...und Geschenke werden sie einander schicken... (Offb 11,10)
Ἐντολὴν καινὴν δίδωμι ὑμῖν, ἵνα ἀγαπᾶτε* ἀλλήλους, καθὼς ἠγάπησα ὑμᾶς ἵνα καὶ ὑμεῖς ἀγαπᾶτε* ἀλλήλους.	Ein neues Gebot gebe ich euch, dass ihr einander liebt, wie ich euch geliebt habe, damit auch ihr einander liebt. (Joh 13,34)
Μηδενὶ μηδὲν ὀφείλετε εἰ μὴ τὸ ἀλλήλους ἀγαπᾶν.	Schuldet niemandem etwas, außer das Einander-Lieben. (Röm 13,8)
Πάντοτε τὸ ἀγαθὸν διώκετε καὶ εἰς ἀλλήλους καὶ εἰς πάντας.	Verfolgt immer das Gute, sowohl für einander als auch für alle. (1Thess 5,15)

*Konjunktiv Präsens s. L 41

L 29 Partizip von εἰμί. Partizip Präsens I: Aktiv

I. Verben

θαυμάζω	sich wundern, staunen	
μισέω	hassen, verabscheuen	
παραλαμβάνω	zu sich nehmen, übernehmen	λαμβάνω L 6
πείθω	überreden, überzeugen	
διαλογίζομαι	überlegen; sich besprechen	
λογίζομαι	*Med.:* (an-)rechnen; erwägen	
	[ἡ ἀγάπη] οὐ λογίζεται τὸ κακόν. (1Kor 13,5)	

II. Substantive, Eigennamen

ὁ διαλογισμός	Überlegung, Gedanke	διαλογίζομαι
ὁ ἐχθρός	Feind	
	Ἀλλὰ ὑμῖν λέγω τοῖς ἀκούουσιν· ἀγαπᾶτε τοὺς ἐχθροὺς ὑμῶν, καλῶς ποιεῖτε τοῖς μισοῦσιν ὑμᾶς. (Lk 6,27)	
ὁ ἥλιος	Sonne	
ὁ κριτής	Richter	κρίνω L 7, ἡ κρίσις L 23
ὁ ὑποκριτής	Heuchler	

ἡ γενεά	Geschlecht; Generation
ἡ παραβολή	Gleichnis, Bildrede (Syn); Sinnbild
ἡ σελήνη	Mond
ἡ βίβλος	Buch

τὸ βιβλίον	Buch, Schriftstück	ἡ βίβλος

(ὁ) Ζεβεδαῖος	Zebedäus	
	ὁ τοῦ Ζεβεδαίου	der Sohn des Zebedäus
	ἡ τοῦ...	die Frau / Mutter des...
		Μαρία ἡ Ἰακώβου (Lk 24,10)

III. Adjektive

ἐχθρός, -ά, -όν	feindlich	ὁ ἐχθρός

I. Partizip von εἰμί

	m.	f.	n.
Sgl.			
N	ὤν	οὖσα	ὄν
G	ὄντος	οὔσης	ὄντος
D	ὄντι	οὔσῃ	ὄντι
A	ὄντα	οὖσαν	ὄν
Pl.			
N	ὄντες	οὖσαι	ὄντα
G	ὄντων	οὐσῶν	ὄντων
D	οὖσι(ν)	οὔσαις	οὖσι(ν)
A	ὄντας	οὔσας	ὄντα

m. / n. flektiert nach der konsonantischen Deklination, f. nach der A-Deklination

I. Partizip Präsens I: Aktiv (πιστεύω)

Die Endungen des aktiven Partizips Präsens entsprechen den Partizipformen von εἰμί!

πιστευ ων	πιστευ ουσα	πιστευ ον

	m.	f.	n.
Sgl.			
N	πιστεύων	πιστεύουσα	πιστεῦον
G	πιστεύοντος	πιστευούσης	πιστεύοντος
D	πιστεύοντι	πιστευούσῃ	πιστεύοντι
A	πιστεύοντα	πιστεύουσαν	πιστεῦον
Pl.			
N	πιστεύοντες	πιστεύουσαι	πιστεύοντα
G	πιστευόντων	πιστευουσῶν	πιστευόντων
D	πιστεύουσι(ν)	πιστευούσαις	πιστεύουσι(ν)
A	πιστεύοντας	πιστευούσας	πιστεύοντα

| *Verwechselbare Formen:* | πιστεύουσι(ν) | 3. Ps. Pl. Ind. Akt. πιστεύω |
| | πιστεύουσι(ν) | D Pl. Ptz. Präs. Akt. πιστεύω |

→ *Die Verba contracta kontrahieren nach den bekannten Regeln s. L 11-13, z. B.:* Ptz. G Sgl. m./n. λαλέω → λαλοῦντος < λαλε οντος

L 30 Partizip Präsens II: Medium / Passiv

I. Verben

βούλομαι	wollen
κοινόω	verunreinigen, unrein machen
κοινωνέω	Anteil haben; Anteil gewähren
κρατέω	(fest-)halten; festnehmen
σπείρω	säen

Komposita von ἀγγέλλω *(melden; 1x im NT):* → εὐαγγελίζω L 20

ἀναγγέλλω	berichten, mitteilen	ὁ ἄγγελος L 2
ἀπαγγέλλω	berichten, verkünden	
ἐπαγγέλλομαι	verheißen	
καταγγέλλω	verkündigen	
παραγγέλλω	anordnen, befehlen	

II. Substantive, Eigennamen

ὁ, ἡ κοινωνός	Genosse, Genossin	κοινωνέω
ἡ βουλή	Beschluss	βούλομαι
ἡ ἐπαγγελία	Verheißung	ἐπαγγέλλομαι
ἡ κοινωνία	Gemeinschaft; Teilhabe	κοινωνέω; ὁ, ἡ κοινωνός
τὸ δικαίωμα, δικαιώματος	Rechtssatzung, Gebot	ἡ δικαιοσύνη, δίκαιος L 9, δικαιόω L 13
τὸ κράτος, κράτους	Kraft, Macht, Gewalt	κρατέω
τὸ σπέρμα, σπέρματος	Same, Nachkommenschaft	σπείρω
(ὁ) Ἠλίας	Elias	
(ἡ) Καφαρναούμ indekl.	Kafarnaum	
(ἡ) Κόρινθος	Korinth	

III. Adjektive

κοινός, -ή, -όν	gemeinsam; gewöhnlich, profan	κοινωνέω, ἡ κοινωνία κοινόω

I. Partizip Präsens II: Medium / Passiv (πιστεύω)

	m.	f.	n.
Sgl.			
N	πιστευόμενος	πιστευομένη	πιστευόμενον
G	πιστευομένου	πιστευομένης	πιστευομένου
D	πιστευομένῳ	πιστευομένῃ	πιστευομένῳ
A	πιστευόμενον	πιστευομένην	πιστευόμενον
Pl.			
N	πιστευόμενοι	πιστευόμεναι	πιστευόμενα
G	πιστευομένων	πιστευομένων	πιστευομένων
D	πιστευομένοις	πιστευομέναις	πιστευομένοις
A	πιστευομένους	πιστευομένας	πιστευόμενα

Formbildung (Endungen flektiert nach der O- und A-Deklination)

	Stamm	Themavokal	Partizipendung
m.	πιστευ	ο	μενος
f.	πιστευ	ο	μενη
n.	πιστευ	ο	μενον

Beispiele L 29-30 zur Verwendung des Partizips

1. Attributives Partizip

Τῇ ἐκκλησίᾳ τοῦ θεοῦ τῇ   An die Gemeinde Gottes, die in
οὔσῃ ἐν Κορίνθῳ...   Korinth ist... (1Kor 1,2)

2. Participium coniunctum

Ταῦτα εἶπεν ἐν συναγωγῇ   Dies sagte er, als er in der Synagoge
διδάσκων ἐν Καφαρναούμ.   in Kafarnaum lehrte. (Joh 6,59)

3. Genitivus absolutus

Ἔτι αὐτοῦ λαλοῦντος   Als er noch redet, kommt einer...
ἔρχεταί τις...   (Lk 8,49)

4. Accusativus cum Participio (AcP)

Καὶ εἶδον ἄγγελον ἰσχυρὸν   Und ich sah einen starken Engel, wie
κηρύσσοντα ἐν φωνῇ μεγάλῃ... er mit lauter Stimme verkündete...
                                                      (Offb 5,2)

L 31   Partizip Schwacher Aorist

I. Verben

ἀγοράζω	kaufen	
ἀποκτείνω	töten	
ἅπτω	*Akt.:* anzünden; *Med.:* anfassen, berühren (+ G)	
	Μή μου ἅπτου. (Joh 20,17)	
ἐνδύω	bekleiden	
θεραπεύω	heilen	
κράζω	schreien, rufen	*Aor. Akt.:* ἔκραξα !
πλανάω	*Akt.:* irreführen, betrügen	
	Pass.: sich täuschen	
πωλέω	verkaufen	↔ ἀγοράζω

εἰσπορεύομαι	hineingehen	πορεύομαι L 10
ἐκπορεύομαι	hinausgehen	
καυχάομαι	sich rühmen, prahlen	
	Εἰ καυχᾶσθαι δεῖ, τὰ τῆς ἀσθενείας μου	
	καυχήσομαι. (2Kor 11,30)	

II. Substantive, Eigennamen

ὁ ἄνεμος	Wind

ἡ ἀγορά	Marktplatz; Versammlungsplatz, *lat.* forum	
ἡ θύρα	Tür	
ἡ νεφέλη	Wolke	
ἡ πλάνη	Irrtum, Täuschung	πλανάω

(ὁ) Φίλιππος	Philippus	φιλέω L 42, ἵππος L 54
(ἡ) Μαγδαληνή	Magdalenerin (Frau aus Magdala)	
(ἡ) Μαρία	Maria	
(ἡ) Μαριάμ indekl.	Maria	

VI. Adverbien, Konjunktionen, Zahlwörter, Interjektionen

ἄρα	denn, also, folglich

I. Partizip Schwacher Aorist

Akt.	m.	f.	n.
Sgl.			
N	πιστεύσας	πιστεύσασα	πιστεῦσαν
G	πιστεύσαντος	πιστευσάσης	πιστεύσαντος
D	πιστεύσαντι	πιστευσάσῃ	πιστεύσαντι
A	πιστεύσαντα	πιστεύσασαν	πιστεῦσαν
Pl.			
N	πιστεύσαντες	πιστεύσασαι	πιστεύσαντα
G	πιστευσάντων	πιστευσασῶν	πιστευσάντων
D	πιστεύσασι(ν)	πιστευσάσαις	πιστεύσασι(ν)
A	πιστεύσαντας	πιστευσάσας	πιστεύσαντα
Med.	m.	f.	n.
Sgl.			
N	πιστευσάμενος	πιστευσαμένη	πιστευσάμενον
G	πιστευσαμένου	πιστευσαμένης	πιστευσαμένου
D	πιστευσαμένῳ	πιστευσαμένῃ	πιστευσαμένῳ
A	πιστευσάμενον	πιστευσαμένην	πιστευσάμενον
Pl.			
N	πιστευσάμενοι	πιστευσάμεναι	πιστευσάμενα
G	πιστευσαμένων	πιστευσαμένων	πιστευσαμένων
D	πιστευσαμένοις	πιστευσαμέναις	πιστευσαμένοις
A	πιστευσαμένους	πιστευσαμένας	πιστευσάμενα
Pass.	m.	f.	n.
Sgl.			
N	πιστευθείς	πιστευθεῖσα	πιστευθέν
G	πιστευθέντος	πιστευθείσης	πιστευθέντος
D	πιστευθέντι	πιστευθείσῃ	πιστευθέντι
A	πιστευθέντα	πιστευθεῖσαν	πιστευθέν
Pl.			
N	πιστευθέντες	πιστευθεῖσαι	πιστευθέντα
G	πιστευθέντων	πιστευθεισῶν	πιστευθέντων
D	πιστευθεῖσι(ν)	πιστευθείσαις	πιστευθεῖσι(ν)
A	πιστευθέντας	πιστευθείσας	πιστευθέντα

Formbildung (kein Augment!):   *B. = Bildesilbe

	Stamm	B.*	Partizipendung	→ *Ausgang*
Akt.	πιστευ	σα	m./n. kons. Dekl., f. A-Dekl.	-σας, -σασα, -σαν
Med.	πιστευ	σα	wie Präsens; O- und A-Dekl.	-σαμενος ...
Pass.	πιστευ	θε	m./n. kons. Dekl., f. A-Dekl.	-θεις, -θεισα, -θεν

L 32   Adverb

I. Verben

διακονέω	bedienen
ὁμοιόω	*Akt.:* vergleichen; *Pass.:* gleichen

II. Substantive, Eigennamen

ὁ διάκονος	Diener	διακονέω
ἡ διακονία	Dienst, Amt; Unterstützung	

III. Adjektive

ὅμοιος, -οία, -οιον	gleichartig, ähnlich	ὁμοιόω
ταχύς, -εῖα, -ύ	schnell	

VI. Adverbien, Konjunktionen, Zahlwörter, Interjektionen

▶ ἀληθῶς	wirklich, tatsächlich	ἀληθής	L 23
▶ δικαίως	gerecht; richtig	δίκαιος	L 9
▶ εὖ	gut, wohl *(Adverb zu ἀγαθός)*		
▶ κακῶς	schlecht	κακῶς ἔχω	krank sein
▶ καλῶς	recht, richtig		
▶ ὁμοίως	gleich, ebenso		
▶ ταχέως	schnell, eilig	ταχέως γράψον	(Lk 16,6)
▶ ταχύ	schnell; bald		

πόθεν(;)	woher(?)		
ὅθεν	woher; weshalb		
ἄνωθεν	von oben her; von Anfang an; von neuem		
ἐκεῖθεν	von dort, dorther		
	κἀκεῖθεν < καί + ἐκεῖθεν *(Krasis)*		
	κἀκεῖ < καί + ἐκεῖ *(Krasis)*		
ἐντεῦθεν	von hier		
ἔξωθεν	außen; von außen her	← ἔξω	draußen; hinaus
ἔσωθεν	innen; von innen heraus	← ἔσω	innen; hinein
μακρόθεν	von Ferne, von weitem her	μακράν	L 24

VI. Adverb

1. Adverbien auf -ως

Adjektiv		Adverb	
ἀληθής	L 23	ἀληθῶς	L 32
ἄλλος	L 12	(ἄλλως	anders, auf andere Weise)
δίκαιος	L 9	δικαίως	L 32
δυνατός	L 23	(δυνατῶς	sehr, stark, viel)
ἕτερος	L 12	(ἑτέρως	anders)
εὐθύς	L 24	εὐθέως	L 24
κακός	L 17	κακῶς	L 32
καλός	L 8	καλῶς	L 32
μέγας	L 17	(μεγάλως	sehr, besonders)
ὅμοιος	L 32	ὁμοίως	L 32
ταχύς	L 32	ταχέως	L 32

2. Akkusativ neutrum als Adverb

Adjektiv		Adverb	
λοιπός	L 21	(τὸ) λοιπόν	weiterhin; übrigens
μόνος	L 8	μόνον	nur, allein
πολύς	L 17	πολύ	viel, sehr
		πολλά	viel, heftig, eifrig
ταχύς	L 32	ταχύ	L 32
πρῶτος	L 8	πρῶτον	früher, vorher; zuerst
		τὸ πρῶτον	zunächst, erstens
δεύτερος	L 28	(τὸ) δεύτερον	zum zweiten Mal
τρίτος	L 28	(τὸ) τρίτον	zum dritten Mal

3. Besondere Formen

Adjektiv		Adverb	
ἀγαθός	L 5	εὖ	L 32
εὐθύς	L 24	εὐθύς	L 24

Alle anderen Adverbien finden sich jeweils auf der Vokabelseite unter VI.

L 33 Imperfekt

I. Verben

ἐλπίζω	hoffen
θλίβω	bedrängen, quälen
τιμάω	schätzen, ehren
ἐπιτιμάω	anfahren, tadeln
πειράζω	prüfen; versuchen, in Versuchung führen
φεύγω	fliehen

ἀποδίδωμι	abgeben, übergeben; vergelten	δίδωμι	L 17
ἐπιτίθημι	darauf-, auflegen	τίθημι	L 17
παρίστημι	*trans.* bereitstellen, darstellen *intrans.* herantreten	ἵστημι	L 17

ἔξεστι(ν) es steht frei, es ist möglich, es ist erlaubt;
Ptz. n.: ἐξόν
Ἰδοὺ οἱ μαθηταί σου ποιοῦσιν ὃ οὐκ ἔξεστιν ποιεῖν ἐν σαββάτῳ. (Mt 12,2)
Ἡμῖν οὐκ ἔξεστιν ἀποκτεῖναι οὐδένα.
(Joh 18,31)

II. Substantive, Eigennamen

ὁ πειρασμός	Versuchung	πειράζω
ἡ ἀνάστασις, ἀναστάσεως	Auferstehung	ἀνίστημι L 17
ἡ διαθήκη	Testament; Bund	
ἡ ἐλπίς, ἐλπίδος	Hoffnung	ἐλπίζω
ἡ θλῖψις, θλίψεως	Bedrängnis	θλίβω
ἡ τιμή	Wert; Ehre	τιμάω

Δόξα δὲ καὶ τιμὴ καὶ εἰρήνη παντὶ τῷ ἐργαζομένῳ τὸ ἀγαθόν... (Röm 2,10)

VI. Adverbien, Konjunktionen, Zahlwörter, Interjektionen

ἄν   *Modalpartikel* (zeigt die Bedingtheit des Satzinhalts an; bleibt selbst unübersetzt)

I. Imperfekt
nur Indikativ!

	Endungen	Aktiv
Sgl.		
1	-ον	ἐπίστευον !
2	-ες	ἐπίστευες
3	-ε(ν)	ἐπίστευε(ν)
Pl.		
1	-ομεν	ἐπιστεύομεν
2	-ετε	ἐπιστεύετε
3	-ον	ἐπίστευον !

εἰμί

	Akt. + Med./ Pass.
Sgl.	
1	ἤμην
2	ἦς / ἦσθα
3	ἦν
Pl.	
1	ἦμεν / ἤμεθα
2	ἦτε
3	ἦσαν

	Endungen	Medium / Passiv
Sgl.		
1	-ομην	ἐπιστευόμην
2	-ου < εσο	ἐπιστεύου
3	-ετο	ἐπιστεύετο
Pl.		
1	-ομεθα	ἐπιστευόμεθα
2	-εσθε	ἐπιστεύεσθε
3	-οντο	ἐπιστεύοντο

Formbildung:

	Augment	Stamm	Themavokal	Personalendung
Aktiv	ἐ	πιστευ	ε, ο	...
Medium / Passiv	ἐ	πιστευ	ε, ο	...

Beispiel L 33 zum Imperfekt

Καὶ ἐξῆλθεν πάλιν παρὰ τὴν θάλασσαν· καὶ πᾶς ὁ ὄχλος ἤρχετο πρὸς αὐτόν, καὶ ἐδίδασκεν αὐτούς.

Und er ging wieder hinaus an das Meer; und die ganze Volksmenge kam zu ihm, und er lehrte sie.

(Mk 2,13)

L 34 Imperfekt der Verba contracta

I. Verben

δέω	(an-)binden, fesseln		
διατάσσω	anordnen, befehlen		
ἐπιτάσσω	befehlen, gebieten		
ὑποτάσσω	unterordnen, -werfen		
καθίζω	*trans.* (hin-)setzen	κάθημαι	L 18
	intrans. sich setzen		
κλαίω	weinen		
παραγίνομαι	ankommen; auftreten	γίνομαι	L 10
πράσσω	tun, vollbringen		

II. Substantive, Eigennamen

ὁ διάβολος Teufel, Verleumder
Εἶπεν δὲ αὐτῷ ὁ διάβολος· εἰ υἱὸς εἶ τοῦ θεοῦ, εἰπὲ τῷ λίθῳ τούτῳ ἵνα γένηται* ἄρτος.
(Lk 4,3)

ὁ σατανᾶς Satan ὁ Σατανᾶς

τὸ μέρος, μέρους Teil; *Pl.:* Gebiet
τὸ ὄρος, ὄρους Berg; *Pl.:* Bergland, Gebirge
τὸ πάθημα, παθήματος Leid, Unglück πάσχω L 25
τὸ πάσχα indekl. Pascha; Paschalamm, Paschafest (< *hebr.* פֶּסַח)
Καὶ ἐγγὺς ἦν τὸ πάσχα τῶν Ἰουδαίων, καὶ ἀνέβη** εἰς Ἱεροσόλυμα ὁ Ἰησοῦς. (Joh 2,13)

III. Adjektive

ἄξιος, -ία, -ιον	angemessen; würdig, wert		
ἱκανός, -ή, -όν	hinlänglich, genügend, geeignet		
ὀλίγος, -η, -ον	*Sgl.:* gering; *Pl.:* wenige		
	ὀλίγον *als Adverb:* (ein) wenig		
	ἐν ὀλίγῳ in Kürze		
τίμιος, -ία, -ιον	kostbar; angesehen	τιμάω, ἡ τιμή	L 33

*Konjunktiv Aorist II von γίνομαι, s. L 43, **Aorist von ἀναβαίνω, s. L 54

I. Imperfekt der Verba contracta*

1. auf -έω   (ποιέω)

	Akt.	entstanden aus:	Med. / Pass.	entstanden aus:
Sgl.				
1	ἐποίουν	< ἐποιε ον	ἐποιούμην	< ἐποιε ομην
2	ἐποίεις	< ἐποιε ες	ἐποιοῦ	< ἐποιε ου (εσο)
3	ἐποίει	< ἐποιε ε !	ἐποιεῖτο	< ἐποιε ετο
Pl.				
1	ἐποιοῦμεν	< ἐποιε ομεν	ἐποιούμεθα	< ἐποιε ομεθα
2	ἐποιεῖτε	< ἐποιε ετε	ἐποιεῖσθε	< ἐποιε εσθε
3	ἐποίουν	< ἐποιε ον	ἐποιοῦντο	< ἐποιε οντο

2. auf -άω   (ἀγαπάω)

Sgl.				
1	ἠγάπων	< ἠγαπα ον	ἠγαπώμην	< ἠγαπα ομην
2	ἠγάπας	< ἠγαπα ες	ἠγαπῶ	< ἠγαπα ου (εσο)
3	ἠγάπα	< ἠγαπα ε !	ἠγαπᾶτο	< ἠγαπα ετο
Pl.				
1	ἠγαπῶμεν	< ἠγαπα ομεν	ἠγαπώμεθα	< ἠγαπα ομεθα
2	ἠγαπᾶτε	< ἠγαπα ετε	ἠγαπᾶσθε	< ἠγαπα εσθε
3	ἠγάπων	< ἠγαπα ον	ἠγαπῶντο	< ἠγαπα οντο

3. auf -όω   (πληρόω)

Sgl.				
1	ἐπλήρουν	< ἐπληρο ον	ἐπληρούμην	< ἐπληρο ομην
2	ἐπλήρους	< ἐπληρο ες	ἐπληροῦ	< ἐπληρο ου (εσο)
3	ἐπλήρου	< ἐπληρο ε !	ἐπληροῦτο	< ἐπληρο ετο
Pl.				
1	ἐπληροῦμεν	< ἐπληρο ομεν	ἐπληρούμεθα	< ἐπληρο ομεθα
2	ἐπληροῦτε	< ἐπληρο ετε	ἐπληροῦσθε	< ἐπληρο εσθε
3	ἐπλήρουν	< ἐπληρο ον	ἐπληροῦντο	< ἐπληρο οντο

*Kontraktionsregeln s. L 11-13

Beispiel L 34 zum Imperfekt der Verba contracta

Καὶ διὰ τοῦτο ἐδίωκον οἱ Ἰουδαῖοι τὸν Ἰησοῦν, ὅτι ταῦτα ἐποίει ἐν σαββάτῳ.

Und deswegen verfolgten die Juden Jesus, weil er dies am Sabbat tat / [zu tun pflegte].

(Joh 5,16)

L 35 Komparation I: Formen auf -τερος und -τατος

I. Verben

ἁγιάζω	heiligen, weihen	ἅγιος L 5
ἀδικέω	Unrecht tun	ἡ δικαιοσύνη, δίκαιος L 9
		δικαιόω L 13
ἀσθενέω	krank, schwach sein	
καθαρίζω	reinigen, rein machen	
πλουτέω	reich sein, Überfluss haben	

II. Substantive, Eigennamen

ὁ ἁγιασμός	Heiligung	ἅγιος L 5; ἁγιάζω
ὁ πλοῦτος	Reichtum	πλουτέω
ἡ ἀδικία	Unrecht, Ungerechtigkeit	ἀδικέω
ἡ ἀκαθαρσία	Unsittlichkeit, Lasterhaftigkeit	καθαρίζω
ἡ ἀπιστία	Unglaube	↔ ἡ πίστις L 23
ἡ ἀσθένεια	Krankheit, Schwäche	ἀσθενέω
ἡ ἐλευθερία	Freiheit	

III. Adjektive, VI. Adverbien, Konjunktionen, Zahlwörter, Interjektionen

ἄδικος, -ον*	ungerecht	↔ δίκαιος L 9
ἀκάθαρτος, -ον*	unrein, lasterhaft	ἡ ἀκαθαρσία
ἄπιστος, -ον*	ungläubig	↔ πιστός L 23
ἀσθενής, -ές*	krank, schwach	ἡ ἀσθένεια
ἐλεύθερος, -έρα, -ερον	frei	ἡ ἐλευθερία
καθαρός, -ά, -όν	rein	↔ ἀκάθαρτος
νέος, -α, -ον	neu, frisch; jung	
πλούσιος, -ία, -ιον	reich	πλουτέω, ὁ πλοῦτος
ὕστερος, -α, -ον	letzterer, letzter;	ὕστερος, ὑστέρα, ὕστερον
ὕστερον	später, danach, darauf *(Adverb)*	

Λέγει αὐτῷ Σίμων Πέτρος· ...ποῦ ὑπάγεις; ἀπεκρίθη αὐτῷ Ἰησοῦς· ὅπου ὑπάγω οὐ δύνασαί μοι νῦν ἀκολουθῆσαι, ἀκολουθήσεις δὲ ὕστερον. (Joh 13,36)

*zweiendige Adjektive

III. Komparativ (Positiv: ἰσχυρός)

→ auf -τερος (flektiert nach der O- und A-Deklination)

	m.	f.	n.
Sgl.			
N	ἰσχυρότερος	ἰσχυροτέρα	ἰσχυρότερον
G	ἰσχυροτέρου	ἰσχυροτέρας	ἰσχυροτέρου
D	ἰσχυροτέρῳ	ἰσχυροτέρᾳ	ἰσχυροτέρῳ
A	ἰσχυρότερον	ἰσχυροτέραν	ἰσχυρότερον
Pl.			
N	ἰσχυρότεροι	ἰσχυρότεραι	ἰσχυρότερα
G	ἰσχυροτέρων	ἰσχυροτέρων	ἰσχυροτέρων
D	ἰσχυροτέροις	ἰσχυροτέραις	ἰσχυροτέροις
A	ἰσχυροτέρους	ἰσχυροτέρας	ἰσχυρότερα

III. Superlativ (Positiv: ἰσχυρός)

→ auf -τατος (flektiert nach der O- und A-Deklination)

	m.	f.	n.
Sgl.			
N	ἰσχυρότατος	ἰσχυροτάτη	ἰσχυρότατον
G	ἰσχυροτάτου	ἰσχυροτάτης	ἰσχυροτάτου
D	ἰσχυροτάτῳ	ἰσχυροτάτῃ	ἰσχυροτάτῳ
A	ἰσχυρότατον	ἰσχυροτάτην	ἰσχυρότατον
Pl.			
N	ἰσχυρότατοι	ἰσχυρόταται	ἰσχυρότατα
G	ἰσχυροτάτων	ἰσχυροτάτων	ἰσχυροτάτων
D	ἰσχυροτάτοις	ἰσχυροτάταις	ἰσχυροτάτοις
A	ἰσχυροτάτους	ἰσχυροτάτας	ἰσχυρότατα

Beispiel L 35 zu den Komparativformen auf -τερος *und* -τατος

Μὴ ἰσχυρότεροι αὐτοῦ ἐσμεν;   Sind wir etwa stärker als er?

(1Kor 10,22)

L 36 Komparation II: Formen auf -(ι)ων und -ιστος

I. Verben

| περισσεύω | im Überfluss vorhanden sein; Überfluss haben |
| χράομαι | gebrauchen, benutzen |

II. Substantive, Eigennamen

| ὁ ἀγρός | Feld, Land, Acker |
| ὁ οἶνος | Wein |

| ἡ χρεία | Bedürfnis; Bedarf, Mangel | χράομαι |
| | χρείαν ἔχω nötig haben, brauchen (etwas + G) | |

▶ *III. Adjektive, VI. Adverbien, Konjunktionen, Zahlwörter, Interjektionen*

κράτιστος, -η, -ον	hochverehrt (in ehrender bzw. höflicher Anrede)	
περισσός, -ή, -όν	außergewöhnlich; überflüssig	περισσεύω
περισσοτέρως	mehr, besonders *(Adverb)*	
ἐλάσσων, -ον	geringer	
ἐλάχιστος, -η, -ον	kleinster; unbedeutend	f. ἐλαχίστη
κρείσσων, -ον	hervorragender; nützlicher; *(auch:* κρείττων, -ον*)*	
κρεῖσσον	besser *(Adverb)*	
μείζων, -ον	größer	
μέγιστος, -η, -ον	am größten; sehr groß	f. μεγίστη
πλείων, -ον	mehr	
πλεῖστος, -η, -ον	*Sgl.:* sehr groß; *Pl.:* die meisten	f. πλείστη
χείρων, -ον	schlechter, schlimmer	
	Καὶ ἔσται ἡ ἐσχάτη πλάνη χείρων τῆς πρώτης. (Mt 27,64)	
μάλιστα	sehr, ganz besonders *(Adverb)*	

σήμερον	heute *(Adverb)*	ἡ ἡμέρα L 3
αὔριον	morgen; bald *(Adverb)*	
ἐπαύριον	morgen *(Adverb)*	
	τῇ ἐπαύριον [ἡμέρᾳ] am nächsten Tag	

III. Komparativ (Positiv: μέγας)

→ auf -(ι)ων (flektiert nach der Konsonantischen Deklination; zweiendig)

	m. + f.	kontrahiert	n.	kontrahiert
Sgl.				
N	μείζων		μεῖζον	
G	μείζονος		μείζονος	
D	μείζονι		μείζονι	
A	μείζονα	μείζω < οσα	μεῖζον	
Pl.				
N	μείζονες	μείζους < οσες	μείζονα	μείζω < οσα
G	μειζόνων		μειζόνων	
D	μείζοσι(ν)		μείζοσι(ν)	
A	μείζονας	μείζους < οσες	μείζονα	μείζω < οσα

III. Superlativ (Positiv: μέγας)

→ auf -ιστος (flektiert nach der O- und A-Deklination)

	m.	f.	n.
Sgl.			
N	μέγιστος	μεγίστη	μέγιστον
G	μεγίστου	μεγίστης	μεγίστου
D	μεγίστῳ	μεγίστῃ	μεγίστῳ
A	μέγιστον	μεγίστην	μέγιστον
Pl.			
N	μέγιστοι	μέγισται	μέγιστα
G	μεγίστων	μεγίστων	μεγίστων
D	μεγίστοις	μεγίσταις	μεγίστοις
A	μεγίστους	μεγίστας	μέγιστα

Positiv		Komparativ		Superlativ	
ἀγαθός	L 5	κρείσσων	L 36 / (βελτίων)	κράτιστος	L 36
κακός	L 17	χείρων	L 36 / (ἥσσων)		
μέγας	L 17	μείζων	L 36	μέγιστος	L 36
μικρός	L 17	ἐλάσσων	L 36	ἐλάχιστος	L 36
ὀλίγος	L 34	ἐλάσσων	L 36	ἐλάχιστος	L 36
πολύς	L 17	πλείων	L 36	πλεῖστος	L 36
(μάλα; Adverb)		μᾶλλον	L 21	μάλιστα	L 36

L 37 Starker Aorist (= Aorist II) I: Ind., Imp., Inf.

I. Verben

ἀπαρνέομαι	verleugnen	
ἀρνέομαι	(ver-)leugnen	
μεριμνάω	sich sorgen; sorgen für	μὴ μεριμνᾶτε
περιτέμνω	beschneiden	
ποτίζω	zu trinken geben, tränken	
ὑπομένω	bleiben, standhalten	μένω L 6

II. Substantive, Eigennamen

ἡ ὀργή	Zorn	
ἡ παρρησία	Offenheit, Freimütigkeit	
ἡ περιτομή	Beschneidung	περιτέμνω
ἡ συνείδησις, συνειδήσεως	Bewusstsein, Gewissen	οἶδα L 18
ἡ ὑπομονή	Standhaftigkeit, Geduld; Erwartung	ὑπομένω
ἡ φυλή	(Volks-)Stamm	
τὸ μέλος, μέλους	Glied, Gliedmaß	
τὸ ποτήριον	Trinkgefäß, Kelch, Becher	ποτίζω

V. Präpositionen, VI. Adverbien, Konjunktionen, Interjektionen

ἄχρι	bis *(uneig. Präposition + G; Konjunktion)*
	ἄχρι τῆς ἡμέρας ταύτης
μέχρι(ς)	bis *(Präposition + G; Konjunktion)*
πλήν	außer *(uneig. Präposition + G)*; jedoch *(Konjunktion)*
	Οὐκ ἔστιν ἄλλος πλὴν αὐτοῦ. (Mk 12,32)
	Πλὴν λέγω ὑμῖν... (Mt)
οὐαί	wehe!

I. Starker Aorist I

Der starke Aorist ist erkennbar am Aorist**stamm**. Es fehlen Tempuszeichen (σ [Akt., Med.] und θ [Pass.]) sowie Kennvokal (α [Akt., Med.]) des schwachen Aorists.

Indikativ (mit Augment)   Imperativ

Akt.	End. wie Impf. Akt. L 33	→ λαμβάνω	End. wie Präs. Imp. Akt. L 6	→ λαμβάνω
Sgl.				
1	-ον	ἔλαβον		
2	-ες	ἔλαβες	-ε	λάβε
3	-ε(ν)	ἔλαβε(ν)	-ετω	λαβέτω
Pl.				
1	-ομεν	ἐλάβομεν		
2	-ετε	ἐλάβετε	-ετε	λάβετε
3	-ον	ἔλαβον	-ετωσαν	λαβέτωσαν

Med.	End. wie Impf. Med./Pass. L 33	→ λαμβάνω	End. wie Präs. Imp. Med. L 10	→ λαμβάνω
Sgl.				
1	-ομην	ἐλαβόμην		
2	-ου < εσο	ἐλάβου	-ου < εσο	λαβοῦ
3	-ετο	ἐλάβετο	-εσθω	λαβέσθω
Pl.				
1	-ομεθα	ἐλαβόμεθα		
2	-εσθε	ἐλάβεσθε	-εσθε	λάβεσθε
3	-οντο	ἐλάβοντο	-εσθωσαν	λαβέσθωσαν

Pass.	End. wie Aorist I Pass. L 25, ohne θ	→ γράφω	End. wie Aor. I Pass. L 25, ohne θ	→ γράφω
Sgl.				
1	-ην	ἐγράφην		
2	-ης	ἐγράφης	-ηθι	γράφηθι
3	-η	ἐγράφη	-ητω	γραφήτω
Pl.				
1	-ημεν	ἐγράφημεν		
2	-ητε	ἐγράφητε	-ητε	γράφητε
3	-ησαν	ἐγράφησαν	-ητωσαν	γραφήτωσαν

Infinitiv

Aktiv	-εῖν	< ε ειν	λαβεῖν
Medium	-εῖσθαι	< ε εσθαι	λαβεῖσθαι
Passiv	-ῆναι	< ε ηναι	γραφῆναι

L 38 Starker Aorist II: Partizip

I. Verben

ἀναχωρέω	weggehen, entweichen		
χωρέω	fortgehen; Raum haben; (er-)fassen		
	Ὁ δυνάμενος χωρεῖν χωρείτω. (Mt 19,12)		
ἐπικαλέω	anrufen, nennen	καλέω	L 11
προσκαλέομαι	herbeirufen	καλέω	L 11
ἁρπάζω	rauben; wegführen		
μανθάνω	lernen	ὁ μαθητής	L 3
τίκτω	gebären	τὸ τέκνον	L 11

II. Substantive, Eigennamen

ὁ γεωργός	Bauer; Winzer	ἡ γῆ	L 3

Ὅτε δὲ ἤγγισεν ὁ καιρὸς τῶν καρπῶν, ἀπέστειλεν τοὺς δούλους αὐτοῦ πρὸς τοὺς γεωργοὺς λαβεῖν τοὺς καρποὺς αὐτοῦ. (Mt 21,34)

ἡ διδασκαλία	Unterricht; Lehre	διδάσκω, ὁ διδάσκαλος	L 7
ἡ διδαχή	Unterweisung; Lehre		
ἡ κώμη	Dorf		
ἡ χήρα	Witwe		
ἡ χώρα	Land, Gegend	χωρέω	

τὸ ἀρνίον   Lamm, Schaf, Widder

Καὶ ὁ θρόνος τοῦ θεοῦ καὶ τοῦ ἀρνίου ἐν αὐτῇ [= Ἰερουσαλήμ] ἔσται, καὶ οἱ δοῦλοι αὐτοῦ λατρεύσουσιν* αὐτῷ... (Offb 22,3)

τὸ δένδρον	Baum	
τὸ μυστήριον	Geheimnis	
τὸ χωρίον	Grundstück	χωρέω, ἡ χώρα

(ὁ) Βαρναβᾶς	Barnabas	Παῦλος καὶ Βαρναβᾶς
(ὁ) Σαῦλος	Saulus	
(ὁ) Τιμόθεος	Timotheus	τιμάω, ἡ τιμή L 33
(ὁ) Τίτος	Titus	

*λατρεύω s. L 50

I. Starker Aorist II: Partizip

a. Aktiv (λαμβάνω)

Die Endungen entsprechen den Partizipformen von εἰμί bzw. den Endungen des aktiven Partizips Präsens, s. L 29; der starke Aorist ist erkennbar am Aoriststamm!

λαβ ων	λαβ ουσα	λαβ ον

	m.	f.	n.
Sgl.			
N	λαβών	λαβοῦσα	λαβόν
G	λαβόντος	λαβούσης	λαβόντος
D	λαβόντι	λαβούσῃ	λαβόντι
A	λαβόντα	λαβοῦσαν	λαβόν
Pl.			
N	λαβόντες	λαβοῦσαι	λαβόντα
G	λαβόντων	λαβουσῶν	λαβόντων
D	λαβοῦσι(ν)	λαβούσαις	λαβοῦσι(ν)
A	λαβόντας	λαβούσας	λαβόντα

b. Medium (λαμβάνω)

Endungen wie im Ptz. Präs. Med./Pass., s. L 30; flektiert nach der O- und A-Deklination

	Aoriststamm	*Themavokal*	*Partizipendung*
m.	λαβ	ό	μενος...
f.	λαβ	ο	μένη...
n.	λαβ	ό	μενον...

c. Passiv (γράφω)

Endungen wie im Ptz. Aor. I Pass., s. L 31; es fehlt aber das Passivkennzeichen θ!

γραφ εις	γραφ εισα	γραφ εν

	m.	f.	n.
Sgl.			
N	γραφείς	γραφεῖσα	γραφέν
G	γραφέντος	γραφείσης	γραφέντος
D	γραφέντι	γραφείσῃ	γραφέντι
A	γραφέντα	γραφεῖσαν	γραφέν
Pl.			
N	γραφέντες	γραφεῖσαι	γραφέντα
G	γραφέντων	γραφεισῶν	γραφέντων
D	γραφεῖσι(ν)	γραφείσαις	γραφεῖσι(ν)
A	γραφέντας	γραφείσας	γραφέντα

L 39 Starker Aorist III: Mischformen

I. Verben

Verben mit starkem Aorist Aktiv oder Passiv:

Präsens	Aorist →	Aktiv	Passiv
ἄγω	L 17	ἤγαγον	ἤχθην
ἁμαρτάνω	L 8	ἥμαρτον	---
ἀνοίγω	L 13	ἀνέῳξα / ἠνέῳξα	ἀνεῴχθην / ἠνεῴχθην / ἠνοίγην
ἀποθνῄσκω	L 7	ἀπέθανον	---
ἀποστέλλω*	L 6	ἀπέστειλα	ἀπεστάλην
ἁρπάζω	L 38	ἥρπασα	ἡρπάσθην / ἡρπάγην
βάλλω	L 6	ἔβαλον	ἐβλήθην
γράφω	L 6	ἔγραψα	ἐγράφην
▶ ἔρχομαι	L 10	ἦλθον / ἦλθα	---
ἐσθίω	L 20	ἔφαγον	---
▶ εὑρίσκω	L 6	εὗρον / εὗρα	εὑρέθην
ἔχω	L 6	ἔσχον **Impf.** εἶχον	---
κρύπτω	L 44	ἔκρυψα	ἐκρύβην
λαμβάνω	L 6	ἔλαβον	ἐλήμφθην
▶ λέγω	L 6	εἶπον / εἶπα	ἐρρήθην
μανθάνω	L 38	ἔμαθον	---
▶ ὁράω	L 12	εἶδον / εἶδα	ὤφθην
πάσχω	L 25	ἔπαθον	---
πίνω	L 20	ἔπιον	---
▶ πίπτω	L 8	ἔπεσον / ἔπεσα	---
σπείρω*	L 30	ἔσπειρα	ἐσπάρην
στρέφω	L 27	ἔστρεψα	ἐστράφην
τίκτω	L 38	ἔτεκον	ἐτέχθην
τρέχω	L 68	ἔδραμον	---
φαίνομαι*	L 25	ἔφανα	ἐφάνην [akt. Bed.]
▶ φέρω	L 13	ἤνεγκον / ἤνεγκα	ἠνέχθην
φεύγω	L 33	ἔφυγον	---
χαίρω	L 13	---	ἐχάρην [akt. Bed.]

*Verba liquida, s. L 52

I. Starker Aorist III: Mischformen

→ *Stamm:* Aorist II
→ *Endung:* Kennvokal -α + Personalendung aus dem Aorist I

Bsp. ἔρχομαι

Indikativ *vgl.*

Akt.	End.	Mischform	reine Aorist II-Form
Sgl.			
1	-α	ἦλθα	ἦλθον
2	-ας	ἦλθας	ἦλθες
3	-ε(ν)	ἦλθεν	ἦλθεν
Pl.			
1	-αμεν	ἤλθαμεν	ἤλθομεν
2	-ατε	ἤλθατε	ἤλθετε
3	-αν	ἦλθαν	ἦλθον

Imperativ *vgl.*

End.	Mischform	reine Aorist II-Form
-ε	ἐλθέ	ἐλθέ
-ατω	ἐλθάτω	ἐλθέτω
-ατε	ἔλθατε	ἔλθετε
-ατωσαν	ἐλθάτωσαν	ἐλθέτωσαν

Beispiele L 37-39 zum starken Aorist

Ἤγαγεν αὐτὸν πρὸς τὸν Ἰησοῦν.	Er führte ihn zu Jesus. (Joh 1,42)
Μὴ σὺ μείζων εἶ τοῦ πατρὸς ἡμῶν Ἀβραάμ, ὅστις ἀπέθανεν;	Bist du etwa größer als unser Vater Abraham, welcher starb? (Joh 8,53)
Οὐ γὰρ ἦλθον καλέσαι δικαίους ἀλλὰ ἁμαρτωλούς.	Denn ich bin nicht gekommen, Gerechte zu rufen, sondern Sünder. (Mt 9,13)
Ὑμεῖς γὰρ ἐπ' ἐλευθερίᾳ ἐκλήθητε, ἀδελφοί.	Denn ihr wurdet zur Freiheit gerufen, Brüder. (Gal 5,13)
Καὶ σημεῖον μέγα ὤφθη ἐν τῷ οὐρανῷ...	Und ein großes Zeichen erschien am Himmel... (Offb 12,1)
Δεῖ τὸν υἱὸν τοῦ ἀνθρώπου πολλὰ παθεῖν...	Der Menschensohn muss vieles erleiden... (Mk 8,31 par)
Διδάσκαλε*, ἤνεγκα τὸν υἱόν μου πρὸς σέ...	Lehrer, ich habe meinen Sohn zur dir gebracht... (Mk 9,17)

*Vokativ s. L 40

L 40 Vokativ

I. Verben

βαστάζω	tragen	
γαμέω	heiraten	
θύω	opfern; schlachten	
νηστεύω	fasten	
φωνέω	tönen, rufen	ἡ φωνή L 3
χωρίζω	trennen	

II. Substantive, Eigennamen

ὁ γάμος	Hochzeit	γαμέω
ὁ μισθός	Lohn	
ὁ μισθωτός	Lohnarbeiter, Tagelöhner	ὁ μισθός

ἡ θυσία	Opfer	θύω

τὸ θυσιαστήριον	Altar	θύω, ἡ θυσία

V. Präpositionen, VI. Adverbien, Konjunktionen, Interjektionen

ὀπίσω   hinter *(uneig. Präposition + G)*; hinten *(Adverb)*
χωρίς   außer, ohne *(uneig. Präposition + G)*; getrennt von *(Adverb)*
     Πάντα δι' αὐτοῦ ἐγένετο, καὶ χωρὶς αὐτοῦ ἐγένετο οὐδὲ ἕν. (Joh 1,3)
ἄρτι   jetzt, gerade eben   ἕως ἄρτι bis jetzt

ναί   ja
οὔ   nein
     Ἔστω δὲ ὁ λόγος ὑμῶν ναὶ ναί, οὒ οὔ· τὸ δὲ περισσὸν τούτων ἐκ τοῦ πονηροῦ ἐστιν. (Mt 5,37)

ὦ   oh! (Interjektion, meist vor Vokativ)
     Τὸν μὲν πρῶτον λόγον ἐποιησάμην περὶ πάντων, ὦ Θεόφιλε, ὧν ἤρξατο ὁ Ἰησοῦς ποιεῖν τε καὶ διδάσκειν...
     (Apg 1,1)

II. Vokativ

Der Vokativ ist im Plural immer, im Singular häufig (O-Dekl. n., A-Dekl. f.) gleich dem Nominativ.

Vokativformen im NT / *Singular:*

Nominativ   *Vokativ*

O-Deklination m.	
ὁ ἀδελφός	L 5
ὁ ἄνθρωπος	L 2
ὁ διδάσκαλος	L 7
ὁ θεός	L 2
ὁ δοῦλος	L 2
ὁ ἑταῖρος	L 70
ὁ θάνατος	L 7
ὁ κύριος	L 2
ὁ υἱός	L 2
ὁ Ἰησοῦς	L 4
ὁ Πέτρος	L 4

Endung -ε
ἀδελφέ
ἄνθρωπε
διδάσκαλε
θεέ
δοῦλε
ἑταῖρε
θάνατε
κύριε
υἱέ
Ἰησοῦ !
Πέτρε

A-Deklination m.	
ὁ δεσπότης	L 68
ὁ ἐπιστάτης	L 59
ὁ ὑποκριτής	L 29
ὁ σατανᾶς	L 34

Endung -α (-η)*
δέσποτα
ἐπιστάτα
ὑποκριτά
σατανᾶ

Kons. Deklination m., f.	
ὁ ἀνήρ	L 16
ὁ πατήρ	L 16
ἡ θυγάτηρ	L 16
ὁ βασιλεύς	L 24
ἡ γυνή	L 15

(meist) Stamm
ἄνερ
πάτερ
θύγατερ
βασιλεῦ
γύναι !

*α oder η entsprechend dem Vokal im Nominativ; *Ausnahme*: Wörter auf -της haben den kurzen Auslaut -α.

L 41 Konjunktiv von εἰμί. Konjunktiv Präsens

I. Verben

ἐλεέω	Mitleid haben; *Pass.:* Erbarmen finden
ἡγέομαι	führen; meinen, halten für
σκανδαλίζω	zur Sünde verführen; ärgern, empören

τελειόω	vollenden; vollkommen machen	
τελευτάω	verenden, sterben	
τελέω	be-, vollenden; ausführen	τὸ τέλος L 23
ἐπιτελέω	beendigen; vollbringen	

II. Substantive, Eigennamen

ὁ ἡγεμών, ἡγεμόνος	Fürst, Statthalter	ἡγέομαι
ὁ θόρυβος	Aufruhr, Tumult	

ἡ ἐλεημοσύνη	Wohltat, Almosen	ἐλεέω
ἡ ἑορτή	Fest	
ἡ μάχαιρα	Schwert	*G Sgl.:* τῆς μαχαίρης

τὸ ἔλεος, ἐλέους	Mitleid, Erbarmen, Barmherzigkeit	
		ἐλεέω, ἡ ἐλεημοσύνη
τὸ σκάνδαλον	Verführung; Anstößiges, Ärgernis	σκανδαλίζω

III. Adjektive

ἐπουράνιος, -ον*	himmlisch	ὁ οὐρανός L 5
οὐράνιος, -ον*	himmlisch	
τέλειος, -εία, -ειον	vollständig, vollendet, vollkommen	τελειόω

Ἔσεσθε οὖν ὑμεῖς τέλειοι ὡς ὁ πατὴρ ὑμῶν ὁ οὐράνιος τέλειός ἐστιν. (Mt 5,48)

VI. Adverbien, Konjunktionen, Zahlwörter, Interjektionen

μήποτε	dass nicht, damit nicht

*zweiendige Adjektive

I. Konjunktiv von εἰμί

	Aktiv	Beispiele:
Sgl.		
1	ὦ	Ὅταν ἐν τῷ κόσμῳ ὦ, φῶς εἰμι τοῦ κόσμου. (Joh 9,5)
2	ᾖς	
3	ᾖ	...ἵνα μετ' αὐτοῦ ᾖ. (Mk 5,18)
Pl.		
1	ὦμεν	
2	ἦτε	...ἵνα μὴ ἦτε παρ' ἑαυτοῖς φρόνιμοι... (Röm 11,25)
3	ὦσι(ν)	

I. Konjunktiv Präsens (πιστεύω)

Die Endungen des aktiven Konjunktivs Präsens entsprechen dem Konjunktiv von εἰμί!

	Endungen	Aktiv	zum Vgl.:	**Indikativ** Akt. Präsens
Sgl.				
1	-ω	πιστεύω		πιστεύω
2	-ῃς	πιστεύῃς		πιστεύεις
3	-ῃ	πιστεύῃ		πιστεύει
Pl.				
1	-ωμεν	πιστεύωμεν		πιστεύομεν
2	-ητε	πιστεύητε		πιστεύετε
3	-ωσι(ν)	πιστεύωσι(ν)		πιστεύουσι(ν)

	Endungen	Med. / Pass.	zum Vgl.:	**Indikativ** Med./Pass. Präs.
Sgl.				
1	-ωμαι	πιστεύωμαι		πιστεύομαι
2	-ῃ < ησαι	πιστεύῃ		πιστεύῃ
3	-ηται	πιστεύηται		πιστεύεται
Pl.				
1	-ωμεθα	πιστευώμεθα		πιστευόμεθα
2	-ησθε	πιστεύησθε		πιστεύεσθε
3	-ωνται	πιστεύωνται		πιστεύονται

Formbildung:

	Stamm	**Moduszeichen**		Personalendung
Aktiv	πιστευ	η, ω	= gedehnter	wie Präsens Ind.
Med./Pass.	πιστευ	η, ω	Themavokal	wie Präsens Ind.

L 42 Konjunktiv der Verba contracta

I. Verben

γνωρίζω	bekannt machen, offenbaren	ἡ γνῶσις L 23
ἰάομαι	heilen	
φιλέω	lieben, gern haben	Φίλιππος L 31
ἥκω	gekommen sein, da sein	
	Ἰδοὺ ἥκω τοῦ ποιῆσαι τὸ θέλημά σου. (Hebr 10,9)	

II. Substantive, Eigennamen

ὁ ἰατρός	Arzt	ἰάομαι
ὁ Καῖσαρ, Καίσαρος	Kaiser	
ὁ στρατηγός	Prätor; Tempelhauptmann	
ὁ στρατιώτης	Soldat	
ὁ φίλος	Freund	φιλέω
ἡ φιλία	Freundschaft, Liebe	φιλέω, ὁ φίλος
(ὁ) Ἰσαάκ indekl.	Isaak	
(ἡ) Καισάρεια	Cäsarea	ὁ Καῖσαρ

III. Adjektive

γνωστός, -ή, -όν	bekannt	γνωρίζω; ἡ γνῶσις	L 23
πνευματικός, -ή, -όν	den Geist betreffend	τὸ πνεῦμα	L 15
φανερός, -ά, -όν	sichtbar, offenbar, kenntlich	φανερόω	L 13

VI. Adverbien, Konjunktionen, Zahlwörter, Interjektionen

δεῦρο	hierher!
δεῦτε	*(Pl.)* kommt her!, auf!
διό	deshalb, daher, deswegen
	Διὸ παρακαλεῖτε ἀλλήλους καὶ οἰκοδομεῖτε εἰς τὸν ἕνα, καθὼς καὶ ποιεῖτε. (1Thess 5,11)
διότι	deshalb weil, denn

I. Konjunktiv der Verba contracta*
(Präsens)

1. auf -έω (ποιέω)

	Akt.	entstanden aus:	Med. / Pass.	entstanden aus:
Sgl.				
1	ποιῶ	< ποιε ω	ποιῶμαι	< ποιε ω μαι
2	ποιῇς	< ποιε ης	ποιῇ	< ποιε η σαι
3	ποιῇ	< ποιε η	ποιῆται	< ποιε η ται
Pl.				
1	ποιῶμεν	< ποιε ω μεν	ποιώμεθα	< ποιε ω μεθα
2	ποιῆτε	< ποιε η τε	ποιῆσθε	< ποιε η σθε
3	ποιῶσι(ν)	< ποιε ω σιν	ποιῶνται	< ποιε ω νται

2. auf -άω (ἀγαπάω)

	Akt.	entstanden aus:	Med. / Pass.	entstanden aus:
Sgl.				
1	ἀγαπῶ	< ἀγαπα ω	ἀγαπῶμαι	< ἀγαπα ω μαι
2	ἀγαπᾷς	< ἀγαπα ης	ἀγαπᾶσαι	< ἀγαπα η σαι
3	ἀγαπᾷ	< ἀγαπα η	ἀγαπᾶται	< ἀγαπα η ται
Pl.				
1	ἀγαπῶμεν	< ἀγαπα ω μεν	ἀγαπώμεθα	< ἀγαπα ω μεθα
2	ἀγαπᾶτε	< ἀγαπα η τε	ἀγαπᾶσθε	< ἀγαπα η σθε
3	ἀγαπῶσι(ν)	< ἀγαπα ω σιν	ἀγαπῶνται	< ἀγαπα ω νται

3. auf -όω (πληρόω)

	Akt.	entstanden aus:	Med. / Pass.	entstanden aus:
Sgl.				
1	πληρῶ	< πληρο ω	πληρῶμαι	< πληρο ω μαι
2	πληροῖς	< πληρο ης	πληροῖ	< πληρο η σαι
3	πληροῖ	< πληρο η	πληρῶται	< πληρο η ται
Pl.				
1	πληρῶμεν	< πληρο ω μεν	πληρώμεθα	< πληρο ω μεθα
2	πληρῶτε	< πληρο η τε	πληρῶσθε	< πληρο η σθε
3	πληρῶσι(ν)	< πληρο ω σιν	πληρῶνται	< πληρο ω νται

*Kontraktionsregeln s. L 11-13

L 43 Konjunktiv Aorist

I. Verben

εὐφραίνω	*Akt.:* erfreuen; *Pass.:* sich freuen, froh sein
φρονέω	denken, meinen; bedacht sein auf
δείκνυμι	zeigen

III. Adjektive

ἄφρων, -ον*	unverständig, töricht	
μωρός, -ά, -όν	dumm, töricht	
νήπιος, -ία, -ιον	unmündig	
σοφός, -ή, -όν	weise	ἡ σοφία L 20
φρόνιμος, -ον*	klug, verständig	↔ ἄφρων; φρονέω

Ἡμεῖς μωροὶ διὰ Χριστόν, ὑμεῖς δὲ φρόνιμοι ἐν Χριστῷ. (1Kor 4,10)

V. Präpositionen, VI. Adverbien, Konjunktionen, Interjektionen

ἕνεκα, ἕνεκεν	+ G: wegen, um... willen *(uneigentliche Präposition)*
εἶτα	dann, danach
ἔπειτα	dann, darauf
ἐπεί	weil, da ja, denn
ἐπειδή	da ja, weil
οὐδέποτε	niemals Ἡ ἀγάπη οὐδέποτε πίπτει. (1Kor 13,8)
οὔπω	noch nicht Οὔπω ἥκει ἡ ὥρα μου. (Joh 2,4)

κἄν	<	καί + ἐάν	*(Krasis)*	ἐάν	L 18
κἀκεῖνος	<	καί + ἐκεῖνος	*(Krasis)*	ἐκεῖνος	L 9
vgl.					
κἀγώ	<	καί + ἐγώ	*(Krasis)*	L 21	
κἀκεῖθεν	<	καί + ἐκεῖθεν	*(Krasis)*	L 32	
κἀκεῖ	<	καί + ἐκεῖ	*(Krasis)*	L 32	

*zweiendige Adjektive

L 43: Konjunktiv Aorist

I. Konjunktiv Aorist

Akt.	Endungen	Aorist I	Endungen	Aorist II
Sgl.				→ λαμβάνω
1	-σ ω	πιστεύσω	-ω	λάβω
2	-σ ῃς	πιστεύσῃς	-ῃς	λάβῃς
3	-σ ῃ	πιστεύσῃ	-ῃ	λάβῃ
Pl.				
1	-σ ωμεν	πιστεύσωμεν	-ωμεν	λάβωμεν
2	-σ ητε	πιστεύσητε	-ητε	λάβητε
3	-σ ωσι(ν)	πιστεύσωσι(ν)	-ωσι(ν)	λάβωσι(ν)

Med.	Endungen	Aorist I	Endungen	Aorist II
Sgl.				→ λαμβάνω
1	-σ ωμαι	πιστεύσωμαι	-ωμαι	λάβωμαι
2	-σ ῃ < ησαι	πιστεύσῃ	-ῃ < ησαι	λάβῃ
3	-σ ηται	πιστεύσηται	-ηται	λάβηται
Pl.				
1	-σ ωμεθα	πιστευσώμεθα	-ωμεθα	λαβώμεθα
2	-σ ησθε	πιστεύσησθε	-ησθε	λάβησθε
3	-σ ωνται	πιστεύσωνται	-ωνται	λάβωνται

Pass.	Endungen	Aorist I	Endungen	Aorist II
Sgl.				→ γράφω
1	-θ ω	πιστευθῶ	-ω	γραφῶ
2	-θ ῃς	πιστευθῇς	-ῃς	γραφῇς
3	-θ ῃ	πιστευθῇ	-ῃ	γραφῇ
Pl.				
1	-θ ωμεν	πιστευθῶμεν	-ωμεν	γραφῶμεν
2	-θ ητε	πιστευθῆτε	-ητε	γραφῆτε
3	-θ ωσι(ν)	πιστευθῶσι(ν)	-ωσι(ν)	γραφῶσι(ν)

Formbildung (kein Augment!):

		Stamm	Tempus-zeichen	Modus-zeichen	Personalendung
Aor. I	Akt.	πιστευ	σ	η, ω	wie Präsens
	Med.	πιστευ	σ	η, ω	wie Präsens
	Pass.	πιστευ	θ	η, ω	wie Präs. Aktiv
Aor. II	Akt.	λαβ	---	η, ω	wie Präs. / Aor. I
	Med.	λαβ	---	η, ω	wie Präs. / Aor. I
	Pass.	γραφ	---	η, ω	wie Präs. Akt. / Aor. I

L 44 Schwaches Perfekt (= Perfekt I) **I: Ind., Imp., Inf.**

I. Verben

ἀποκαλύπτω	offenbaren, enthüllen
ἐκχέω	aus-, vergießen
ἐνεργέω	wirksam sein; (be-)wirken
καταργέω	entkräften; vernichten
κρύπτω	verbergen; geheim halten
λυπέω	betrüben; *Pass.*: traurig sein / werden
νικάω	siegen, besiegen
ὁμολογέω	bekennen
ἐξομολογέομαι	bekennen; preisen

ἵσταμαι	L 17	→ ἕστηκα	*Perf.*: ich stehe
		εἱστήκειν	*Plqperf.*: ich stand
πείθω	L 29	→ πέπεισμαι	*Perf. I Pass.*: ich bin überzeugt/gewiss
		πέποιθα	*Perf. II*: ich verlasse mich auf, vertraue auf; bin sicher

II. Substantive, Eigennamen

ἡ ἀποκάλυψις, ἀποκαλύψεως	Offenbarung, Enthüllung	ἀποκαλύπτω
ἡ λύπη	Trauer, Kummer	λυπέω
ἡ νίκη	Sieg	νικάω

(ὁ) Ἀνδρέας	Andreas	
(ὁ) Ζαχαρίας	Zacharias	
(ὁ) Ἠσαΐας	Jesaja	Ὡς γέγραπται ἐν βίβλῳ λόγων Ἠσαΐου τοῦ προφήτου... (Lk 3,4)
(ὁ) Θωμᾶς	Thomas	
(ὁ) Ἰορδάνης	Jordan	

III. Adjektive

κρυπτός, -ή, -όν	verborgen, geheim	κρύπτω

I. Schwaches Perfekt I
Indikativ

	Endungen	Aktiv
Sgl.		
1	-κα	πεπίστευκα
2	-κας	πεπίστευκας
3	-κε(ν)	πεπίστευκε(ν)
Pl.		
1	-καμεν	πεπιστεύκαμεν
2	-κατε	πεπιστεύκατε
3	-κασι(ν) / -καν	πεπιστεύκασιν

Imperativ

im NT nur 2. Ps. Med. / Pass. belegt

	Endungen	Medium / Passiv
Sgl.		
1	-μαι	πεπίστευμαι
2	-σαι	πεπίστευσαι
3	-ται	πεπίστευται
Pl.		
1	-μεθα	πεπιστεύμεθα
2	-σθε	πεπίστευσθε
3	-νται	πεπίστευνται

End.	Med. / Pass.
-σο	πεπίστευσο

= -σθε	πεπίστευσθε

Infinitiv

Akt.	End.	-κεναι	πεπιστευκέναι
Med./Pass.	End.	-σθαι	πεπιστεῦσθαι

Formbildung:

	Redupli-kation*	Stamm	Tempus-zeichen	Kenn-vokal	Personalendung
Akt.	πε	πιστευ	κ	α	wie Aorist I Akt.
Med./Pass.	πε	πιστευ	---	---	wie Präs. Med./Pass.

*Zur Reduplikation s. L 46

Die Verba contracta dehnen ihren Auslautvokal vor Kappa und der Medium / Passiv-Endung analog zum Futur (L 20).

L 45 Schwaches Perfekt II: Partizip, Konjunktiv

I. Verben

ἀντιλέγω	widersprechen, sich widersetzen	λέγω	L 6
διψάω	dürsten		
ἐλέγχω	jem. einer Sache überführen; tadeln		
πεινάω	hungern		
ὑπακούω	gehorchen	ἀκούω	L 6
κατέρχομαι	herabkommen	ἔρχομαι	L 10
παρέρχομαι	vorübergehen; vergehen		
συνέρχομαι	zusammenkommen		
στήκω	stehen; feststehen	ἵστημι	L 17

II. Substantive, Eigennamen

ὁ στέφανος	Kranz		
ἡ ἀκοή	Gerücht, Erzählung; Gehör	ἀκούω	L 6
ἡ ὑπακοή	Gehorsam	ὑπακούω	
(ὁ) Στέφανος	Stephanus	ὁ στέφανος	
(ἡ) Μάρθα	Martha		

V. Präpositionen, VI. Adverbien, Konjunktionen, Interjektionen

ἀντί	+ G: anstatt, anstelle, für	ἀντιλέγω	
πέραν	jenseits *(uneigentliche Präposition + G; Adverb)*		
γέ	wenigstens, sogar, doch (enkl. Partikel, die das vorausgehende Wort hervorhebt; bleibt meist unübersetzt)		
νυνί	nun, jetzt	νῦν	L 5

Νυνὶ δὲ πορεύομαι εἰς Ἰερουσαλὴμ διακονῶν τοῖς ἁγίοις.
(Röm 15,25)

I. Schwaches Perfekt II: Partizip

Akt.	m. Kons. Deklination	f. A-Deklination	n. Kons. Deklination
Sgl.			
N	πεπιστευκώς	πεπιστευκυῖα	πεπιστευκός
G	πεπιστευκότος	πεπιστευκυίης*	πεπιστευκότος
D	πεπιστευκότι	πεπιστευκυίῃ*	πεπιστευκότι
A	πεπιστευκότα	πεπιστευκυῖαν	πεπιστευκός
Pl.			
N	πεπιστευκότες	πεπιστευκυῖαι	πεπιστευκότα
G	πεπιστευκότων	πεπιστευκυιῶν	πεπιστευκότων
D	πεπιστευκόσι(ν)	πεπιστευκυίαις	πεπιστευκόσι(ν)
A	πεπιστευκότας	πεπιστευκυίας	πεπιστευκότα

Med./Pass.	m.	f.	n.
	flektiert nach der O- und A-Deklination wie Präs. Med. / Pass.		
Sgl.			
N	πεπιστευμένος ...	πεπιστευμένη ...	πεπιστευμένον ...
Pl.			
N	πεπιστευμένοι ...	πεπιστευμέναι ...	πεπιστευμένα ...

*ntl. Formen

I. Schwaches Perfekt II: Konjunktiv

1. Aktiv

→ Partizip Perfekt Aktiv + Konjunktiv von εἰμί

Sgl.	πεπιστευκώς, -κυῖα, -κός	ὦ, ᾖς, ᾖ
Pl.	πεπιστευκότες, -κυῖαι, -κότα	ὦμεν, ἦτε, ὦσιν

2. Medium / Passiv

→ Partizip Perfekt Medium / Passiv + Konjunktiv von εἰμί

Sgl.	πεπιστευμένος, -μένη, -μένον	ὦ, ᾖς, ᾖ
Pl.	πεπιστευμένοι, -μέναι, -μένα	ὦμεν, ἦτε, ὦσιν

L 46 Schwaches Perfekt III: Reduplikation. Wortfamilien στέλλω, ἔχω, κρίνω

I. Verben, II. Substantive, Eigennamen

Wortfamilie στέλλω

στέλλω	*Med.:* sich zurückziehen, meiden
ἀποστέλλω	L 6
ἐξαποστέλλω	(ent-)senden, schicken
ὁ ἀπόστολος	L 5
ἡ ἐπιστολή	Brief

Wortfamilie ἔχω

ἔχω	L 6
ἀνέχομαι	aushalten, ertragen; zulassen
ἀπέχω	*Akt.:* entfernt sein; empfangen haben
	Med.: sich fernhalten von, sich enthalten
κατέχω	aufhalten, hindern; festhalten
παρέχω	*Akt.:* darbieten, erweisen
	Med.: sich erweisen als; gewähren
προσέχω	achten auf, sich kümmern um; sich hüten, sich in Acht nehmen vor (ἀπό + G)
συνέχω	bedrängen

Wortfamilie κρίνω

κρίνω	L 7
ἀνακρίνω	befragen, untersuchen, prüfen
ἀποκρίνομαι	L 10
διακρίνω	*Akt.:* unterscheiden; beurteilen
	Med. / Aor. Pass.: zweifeln; streiten
κατακρίνω	verurteilen
ἡ κρίσις, κρίσεως	L 23
ὁ κριτής	L 29
ὁ ὑποκριτής	L 29
τὸ κρίμα, κρίματος	Gericht; Urteil

I. Schwaches Perfekt III: Reduplikation

1. Konsonantisch anlautende Verben:

a. Der Anfangskonsonant wird zusammen mit einem ε als Präfix vor das Verb gestellt. (Dies gilt auch für die Verbindung Muta* cum Liquida* [d. h., wenn auf eine Muta eine Liquida folgt]):

πιστεύω   L 6   →   πεπίστευκα
κρατέω   L 30   →   κεκράτηκα

b. θ, φ, χ werden als τ, π, κ redupliziert:

φανερόω   L 13   →   πεφανέρωκα

c. Bei allen Konsonantenverbindungen (außer Muta cum Liquida), bei ζ, ξ, ψ und ρ wird die Reduplikation gebildet wie das Augment (s. L 26):

ζητέω   L 11   →   ἐζήτηκα

2. Vokalisch anlautende Verben

dehnen ihren Anfangsvokal bzw. -diphthong wie bei der Augmentbildung (s. L 26):

ἀγαπάω   L 12   →   ἠγάπηκα

3. Verba composita

reduplizieren am Verbum simplex analog zum Augment (s. L 26) nach den obigen Regeln:

καταλύω   L 20   →   καταλέλυκα

*vgl. L 51 und 52

Beispiele L 44-46 zum schwachen Perfekt

Ναὶ κύριε, ἐγὼ πεπίστευκα ὅτι σὺ εἶ ὁ χριστὸς ὁ υἱὸς τοῦ θεοῦ ὁ εἰς τὸν κόσμον ἐρχόμενος.	Ja, Herr, ich glaube [ich bin zum Glauben gekommen], dass du der Gesalbte bist, der Sohn Gottes, der in die Welt kommt. (Joh 11,27)
Ἤδη ὑμεῖς καθαροί ἐστε διὰ τὸν λόγον ὃν λελάληκα ὑμῖν.	Ihr seid schon rein durch das Wort, das ich (zu) euch gesagt habe. (Joh 15,3)
Ἔλεγεν οὖν ὁ Ἰησοῦς πρὸς τοὺς πεπιστευκότας αὐτῷ Ἰουδαίους...	Jesus sagte nun zu den Juden, die an ihn glaubten... (Joh 8,31)

L 47 Starkes Perfekt (= Perfekt II)

I. Verben

ἀναβλέπω	aufblicken; wieder sehen	βλέπω L 6
ἐμβλέπω	ansehen, hinsehen	
γρηγορέω	wachen, wachsam sein	
δέομαι	bitten, beten	
δοκιμάζω	prüfen	δοκέω L 20
εὐδοκέω	für gut halten, Wohlgefallen haben	δοκέω L 20
θερίζω	ernten	
λείπω	fehlen	λοιπός L 21
καταλείπω	zurücklassen	
ἐγκαταλείπω	zurücklassen, verlassen	
μιμνῄσκομαι	sich erinnern, gedenken	
μνημονεύω	gedenken; erwähnen	

II. Substantive, Eigennamen

ὁ ἀμπελών, ἀμπελῶνος	Weinberg	
ὁ θερισμός	Ernte	θερίζω
ἡ δέησις, δεήσεως	Bitte, Gebet	δέομαι
ἡ εὐδοκία	guter Wille; Wohlgefallen	εὐδοκέω
τὸ ἀργύριον	Silber; Geld	
τὸ μνημεῖον	Grab; Denkmal	μιμνῄσκομαι, μνημονεύω
τὸ ὅραμα, ὁράματος	Schau	ὁράω L 12
(ἡ) Μακεδονία	Makedonien	

V. Präpositionen

ἀνά hinauf; je   ἀνὰ μέσον mitten (hinein) in
...καὶ ἀπέστειλεν αὐτοὺς ἀνὰ δύο [δύο] πρὸ προσώπου αὐτοῦ εἰς πᾶσαν πόλιν... (Lk 10,1)

I. Starkes Perfekt

Nur Aktiv! Endungen wie im schwachen Perfekt, aber **ohne** Tempuszeichen κ.

Indikativ

	Endungen		zum Vgl.:	Perfekt I
Sgl.				
1	-α	γέγραφα		πεπίστευκα
2	-ας	γέγραφας		πεπίστευκας
3	-ε(ν)	γέγραφε(ν)		πεπίστευκε(ν)
Pl.				
1	-αμεν	γεγράφαμεν		πεπιστεύκαμεν
2	-ατε	γεγράφατε		πεπιστεύκατε
3	-ασι(ν)	γεγράφασιν		πεπιστεύκασιν

Verben mit starken Perfektformen im NT:

Präsens	**Perfekt**	→	**Aktiv**	
ἀκούω	L 6		ἀκήκοα	
ἀνοίγω	L 13		ἀνέῳγα	
ἀπόλλυμι	L 18		ἀπόλωλα	
γίνομαι	L 10		γέγονα	
γράφω	L 6		γέγραφα	
διατάσσω	L 34		διατέταχα	
εἴκω	L 26 §		ἔοικα	
ἐκφεύγω			ἐκπέφευγα	(entfliehen, entkommen)
ἔρχομαι	L 10		ἐλήλυθα	
κράζω	L 31		κέκραγα	
λαμβάνω	L 6		εἴληφα	
---			οἶδα	L 18, 50
πάσχω	L 25		πέπονθα	
πείθω	L 29		πέποιθα	L 44
πράσσω	L 34		πέπραχα	
προσφέρω	L 13		προσενήνοχα	
σήπω			σέσηπα	(verfaulen)
τυγχάνω	L 70		τέτυχα	

L 48 Plusquamperfekt.
Wortfamilien γίνομαι, γινώσκω, νοέω

I. Verben, II. Substantive, Eigennamen, III. Adjektive

Wortfamilie γίνομαι

γίνομαι	L 10
παραγίνομαι	L 34
γεννάω	L 12

οἱ γονεῖς, γονέων	Eltern
οἱ συγγενεῖς, συγγενέων	Verwandte
ἡ γενεά	L 29
ἡ γένεσις, γενέσεως	Entstehung, Geburt
τὸ γένος, γένους	Nation, Volk

μονογενής, -ές*	einzig(-geboren), einzigartig
συγγενής, -ές*	verwandt

Wortfamilie γινώσκω

γινώσκω	L 6
ἀναγινώσκω	L 27
ἐπιγινώσκω	L 27
ἀγνοέω	L 27
γνωρίζω	L 42

ἡ γνῶσις, γνώσεως	L 23
ἡ ἐπίγνωσις, ἐπιγνώσεως	Erkenntnis

γνωστός, -ή, -όν	L 42

Wortfamilie νοέω

νοέω	begreifen, verstehen; bedenken
κατανοέω	bemerken; betrachten
μετανοέω	L 25

ὁ νοῦς   Verstand, Gesinnung   *G:* τοῦ νοός, *D:* τῷ νοΐ, *A:* τὸν νοῦν
ἡ διάνοια   Verstand, Vernunft
ἡ μετάνοια   L 25

*zweiendige Adjektive

I. Plusquamperfekt
nur Indikativ!

Akt.	Endungen	Plqperf. I (schwach)	Endungen	Plqperf. II (stark)
Sgl.		→ πιστεύω		→ στρέφω
1	-κ ειν	(ἐ)πεπιστεύκειν	-ειν	ἐστρόφειν
2	-κ εις	(ἐ)πεπιστεύκεις	-εις	ἐστρόφεις
3	-κ ει	(ἐ)πεπιστεύκει	-ει	ἐστρόφει
Pl.				
1	-κ ειμεν	(ἐ)πεπιστεύκειμεν	-ειμεν	ἐστρόφειμεν
2	-κ ειτε	(ἐ)πεπιστεύκειτε	-ειτε	ἐστρόφειτε
3	-κ εισαν	(ἐ)πεπιστεύκεισαν	-εισαν	ἐστρόφεισαν

Med./Pass.	Endungen	Plqperf. I
Sgl.		
1	-μην	(ἐ)πεπιστεύμην
2	-σο	(ἐ)πεπίστευσο
3	-το	(ἐ)πεπίστευτο
Pl.		
1	-μεθα	(ἐ)πεπιστεύμεθα
2	-σθε	(ἐ)πεπίστευσθε
3	-ντο	(ἐ)πεπίστευντο

Starkes Plqperf. nur Aktiv

Formbildung:

Plqperf.		Augment*	Redupli-kation*	Stamm	Tempus-zeichen	Kenn-vokal	Personal-endung
I	Akt.	(ἐ)	πε	πιστευ	κ	ει	...
I	Med./Pass.	(ἐ)	πε	πιστευ	---		wie Impf. Med./Pass.
II	Akt.		ἐ	στροφ	---	ει	wie Plqperf. I Akt.

*Im NT fehlt das Augment im Plusquamperfekt meist. Bei vokalischer Reduplikation wird das Plusquamperfekt nicht augmentiert.

L 49   Die Stammformenreihe

I. Verben

ἀθετέω	für ungültig erklären; verwerfen	τίθημι	L 17
ἀναιρέω	wegnehmen, beseitigen		
ἀφαιρέω	ab-, wegnehmen		
αὐξάνω	vermehren; *Akt. / Pass.:* wachsen, zunehmen		
βασιλεύω	herrschen, König sein ὁ βασιλεύς L 24, ἡ βασιλεία L 5		
ἐπαίρω	emporheben	αἴρω	L 8
θεάομαι	(an-)schauen, betrachten		
κατηγορέω	anklagen, Anklage erheben (gegen jem. + *G*)		
κελεύω	befehlen		
κοπιάω	sich abmühen; müde werden		
κωλύω	hindern; verbieten		

II. Substantive, Eigennamen

ὁ ἀστήρ, ἀστέρος	Stern		
ὁ κόπος	Mühe, Arbeit	κοπιάω	
ἡ αἵρεσις, αἱρέσεως	Schule, Partei; Lehrmeinung		
	ἡ αἵρεσις τῶν Φαρισαίων		
ἡ αἰτία	Grund, Ursache; Schuld	αἰτέω	L 20
ἡ ἀκροβυστία	Vorhaut; Unbeschnittenheit; Heidentum		
ἡ ἀνατολή	Aufgang; Osten *(bes. Pl.)*		
ἡ κοιλία	Bauch, Mutterleib		
τὸ ἄστρον	Sternbild, Gestirn	ἡ ἀστήρ	
τὸ σκεῦος, σκεύους	Gerät, Gefäß	κατασκευάζω	L 25
(ὁ) Ἀγρίππας	Agrippa		
(ὁ) Ἀνανίας	Hananias		
(ὁ) Σολομών, Σολομῶνος	Salomo		
(ἡ) Ἰόππη	Joppe		

III. Adjektive

λευκός, -ή, -όν   weiß; leuchtend, glänzend

I. Die Stammformenreihe (1. Zeile: Aktiv, 2. Zeile: Passiv)

Verben mit Besonderheiten aus L 1-49 (vgl. auch L 39 und 47):

Präsens		**Futur***	**Aorist**	**Perfekt**
ἄγω	L 17	ἄξω	ἤγαγον	ἦχα
		ἀχθήσομαι	ἤχθην	ἦγμαι
αἴρω	L 8	ἀρῶ	ἦρα	ἦρκα
		ἀρθήσομαι	ἤρθην	ἦρμαι
ἀκούω	L 6	ἀκούσω / -σομαι	ἤκουσα	ἀκήκοα
		ἀκουσθήσομαι	ἠκούσθην	ἤκουσμαι
ἁμαρτάνω	L 8	ἁμαρτήσω	ἥμαρτον	ἡμάρτηκα
ἀποθνῄσκω	L 7	ἀποθανοῦμαι	ἀπέθανον	τέθνηκα
ἀφαιρέω	L 49	ἀφελῶ	ἀφεῖλον	ἀφῄρηκα
		ἀφαιρεθήσομαι	ἀφῃρέθην	ἀφῄρημαι
βάλλω	L 6	βαλῶ	ἔβαλον	βέβληκα
		βληθήσομαι	ἐβλήθην	βέβλημαι
γίνομαι	L 10	γενήσομαι	**Med.** ἐγενόμην	γέγονα
		---	ἐγενήθην	γεγένημαι
γράφω	L 6	γράψω	ἔγραψα	γέγραφα
		---	ἐγράφην	γέγραμμαι
ἔρχομαι	L 10	ἐλεύσομαι	ἦλθον	ἐλήλυθα
ἐσθίω	L 20	φάγομαι	ἔφαγον	βέβρωκα
εὑρίσκω	L 6	εὑρήσω	εὗρον	εὕρηκα
		εὑρεθήσομαι	εὑρέθην	εὕρημαι
ἔχω	L 6	ἕξω	ἔσχον	ἔσχηκα
καλέω	L 11	καλέσω	ἐκάλεσα	κέκληκα
		κληθήσομαι	ἐκλήθην	κέκλημαι
λαμβάνω	L 6	λήμψομαι	ἔλαβον	εἴληφα
		λημφθήσομαι	ἐλήμφθην	εἴλημμαι
λέγω	L 6	ἐρῶ	εἶπον	εἴρηκα
		---	ἐρρήθην	εἴρημαι
ὁράω	L 12	ὄψομαι	εἶδον	ἑώρακα
		ὀφθήσομαι	ὤφθην	ἑώραμαι
φέρω	L 13	οἴσω	ἤνεγκον	ἐνήνοχα
		---	ἠνέχθην	ἐνήνεγμαι

*z. T. mediales Futur mit aktiver Bedeutung

L 50 οἶδα (mit Wortfamilie)

I. Verben

ἐκλέγομαι	sich auswählen, erwählen	λέγω	L 6
ἐπιβάλλω	an-, auflegen	βάλλω	L 6
περιβάλλω	anziehen (Kleidung)		
ζῳοποιέω	lebendig machen, beleben	ζάω L 12, ποιέω L 11	
καθεύδω	schlafen		
λατρεύω	dienen		

ὄμνυμι, ὀμνύω	schwören		
πίμπλημι	er-, anfüllen	πληρόω	L 13

II. Substantive, Eigennamen

ὁ ἀριθμός	Zahl
ὁ εἰκών, εἰκόνος	(Ab-)Bild; Aussehen
ὁ μήν, μηνός	Monat
ὁ τελώνης	Zöllner, Abgabenpächter

τὸ ζῷον	Lebewesen	ζάω L 12, ἡ ζωή L 7, ζῳοποιέω
τὸ ξύλον	Holz; Baum	
τὸ συνέδριον	Hoher Rat, Synedrium	

III. Adjektive

ἐκλεκτός, -ή, -όν	ausgewählt, auserlesen	ἐκλέγομαι

Wortfamilie οἶδα

▶ οἶδα   L 18
ἰδού   L 5
ἴδε   siehe! (= Imperativ Aorist 2. Sgl. zu ὁράω)

ἡ συνείδησις,   L 37
    συνειδήσεως
τὸ εἴδωλον   Götterbild, Götze

L 50: οἶδα

I. οἶδα → *Starkes Perfekt mit präsentischer Bedeutung (nur Aktiv)*

Indikativ

	Endungen	
Sgl.		
1	-α	οἶδα
2	-ας	οἶδας
3	-ε(ν)	οἶδε(ν)
Pl.		
1	-αμεν	οἴδαμεν
2	-ατε	οἴδατε
3	-ασι(ν)	οἴδασι(ν)

Imperativ

	Endungen	
	-θι	ἴσθι [= Imp. von εἰμί]
		– im NT nicht belegt –
	-τε	ἴστε
		– im NT nicht belegt –

Konjunktiv

	Endungen	
Sgl.		
1	-ῶ	εἰδῶ
2	-ῇς	εἰδῇς
3	-ῇ	εἰδῇ
Pl.		
1	-ῶμεν	εἰδῶμεν
2	-ῆτε	εἰδῆτε
3	-ῶσι(ν)	εἰδῶσι(ν)

Futur

	Endungen	
Sgl.		
1	-η σ ω	εἰδήσω
2	-η σ εις	εἰδήσεις
3	-η σ ει	εἰδήσει
Pl.		
1	-η σ ομεν	εἰδήσομεν
2	-η σ ετε	εἰδήσετε
3	-η σ ουσι(ν)	εἰδήσουσι(ν)

Infinitiv

	-ε ναι	εἰδέναι

Plusquamperfekt (Ü: ich wusste, kannte)

	Endungen	
Sgl.		
1	-ειν	ᾔδειν
2	-εις	ᾔδεις
3	-ει	ᾔδει
Pl.		
1	-ειμεν	ᾔδειμεν
2	-ειτε	ᾔδειτε
3	-εισαν	ᾔδεισαν

Partizip

	m.	f.	n.
	flektiert nach der konsonantischen (m., n.) und der A-Deklination (f.)			
Sgl.			
N	εἰδώς	εἰδυῖα	εἰδός
G	εἰδότος ...	εἰδυίης* ...	εἰδότος ...

*ntl. Form (↔ klass. εἰδυίας)

L 51   Verba muta. Wortfamilie ἔργον

I. Verben

ἀναπίπτω	sich niederlegen	πίπτω	L 8
ἐκπίπτω	heraus-, hinfallen		
ἐπιπίπτω	fallen auf; befallen		
ἀρέσκω	gefallen; zu Gefallen tun		
▶ ἀφορίζω	absondern; auswählen		
▶ ἐκκόπτω	aushauen, abhauen		
▶ ἐκπλήσσομαι	außer sich geraten	Καὶ ἀκούσαντες οἱ ὄχλοι ἐξεπλήσσοντο ἐπὶ τῇ διδαχῇ αὐτοῦ. (Mt 22,33)	
▶ ἐπιτρέπω	gewähren, gestatten		
κοσμέω	schmücken	ὁ κόσμος	L 7

II. Substantive, Eigennamen

ὁ πόρνος	Unzüchtiger	
ὁ ὑπηρέτης	Gehilfe, Diener	
ἡ ἄφεσις, ἀφέσεως	Erlass (einer Schuld, Strafe); Vergebung	ἀφίημι L 17
ἡ πληγή	Schlag; Plage	ἐκπλήσσομαι
ἡ πόρνη	Prostituierte, Dirne	ὁ πόρνος
ἡ πορνεία	Unzucht, Hurerei	ὁ πόρνος, ἡ πόρνη
ἡ σκηνή	Zelt, Hütte; Bundeszelt	

τὸ παράπτωμα, παραπτώματος	Fehltritt, Vergehen, Sünde

Wortfamilie ἔργον

ἐργάζομαι	L 25
▶ κατεργάζομαι	ausführen; schaffen
ἐνεργέω	L 44
καταργέω	L 44

ὁ ἐργάτης	L 25
ὁ συνεργός	Mitarbeiter, Gehilfe
τὸ ἔργον	L 2

I. Verba muta

Verba muta sind Verben mit konsonantischem Stammauslaut auf eine Muta (= Verschlusslaut, Explosivlaut). Zu den Mutae gehören:[13]

a. **Labiale** („Lippenlaute") / P-Laute: -β, -π, -φ; wie ein Labial verhält sich auch die Verbindung -πτ.

b. **Gutturale** („Kehllaute") / K-Laute: -γ, -κ, -χ; wie ein Guttural verhalten sich auch -σσ sowie -ζ, sofern es auf einen Gutturalstamm zurückgeht.

c. **Dentale** („Zahnlaute") / T-Laute: -δ, -τ, -θ; wie ein Dental verhält sich auch -ζ, sofern es auf einen Dentalstamm zurückgeht.

→ Treffen Mutae auf mit einem Konsonanten beginnende Endungen, verändern sie sich in folgender Weise (vgl. auch L 21):

	Muta + μ	**Muta + σ**	**Muta + τ**	**Muta + θ**	**Muta + κ***
Labial	μμ	ψ	πτ	φθ	φ
Guttural	γμ	ξ	κτ	χθ	χ
Dental	σμ	σ	στ	σθ	κ

Beispiele:

βλέπω Labial	βέβλεμμαι	ἔβλεψα	βέβλεπται	ἐβλέφθην
κηρύσσω Guttural	κεκήρυγμαι	κηρύξω	κεκήρυκται	ἐκηρύχθην
ἐλπίζω Dental	ἤλπισμαι	ἤλπισα	ἤλπισται	ἠλπίσθην

*Die Labial- und Gutturalstämme haben ein starkes Perfekt ohne Tempuszeichen κ (vgl. L 47), z. B. βέβλεφα, κεκήρυχα. Bei den Dentalstämmen fällt der Dental vor κ aus, z. B. ἤλπικα.

Beispiele L 51 zu den Verba muta

Πάτερ, ἁγιασθήτω τὸ ὄνομά σου.   Vater, geheiligt werden soll dein Name. (Lk 11,2 par)

Ἀπεκρίθη ὁ Πιλᾶτος· ὃ γέγραφα, γέγραφα.   Pilatus antwortete: Was ich geschrieben habe, habe ich geschrieben. (Joh 19,22)

---

[13] S. FN 10 und 11 S. 33.

L 52 Verba liquida. Wortfamilie ἄγω

I. Verben

- ἐκτείνω ausstrecken
- ἐπιμένω bleiben (bei), verharren μένω L 6, ὑπομένω L 37
- κερδαίνω gewinnen
- ξηραίνω *Akt.*: austrocknen (etwas); *Pass.*: vertrocknen
- προσκαρτερέω treu sein; sich beschäftigen mit

- *Komposita von* λαμβάνω *(L 6)*:

  ἀναλαμβάνω aufnehmen
  ἀπολαμβάνω empfangen, erhalten
  ἐπιλαμβάνομαι ergreifen, fassen
  καταλαμβάνω ergreifen
  παραλαμβάνω L 29
  προσλαμβάνομαι zu sich nehmen, aufnehmen
  συλλαμβάνω ergreifen; schwanger werden, empfangen
  Συλλαβόντες δὲ αὐτὸν ἤγαγον καὶ εἰσήγαγον εἰς τὴν οἰκίαν τοῦ ἀρχιερέως· ὁ δὲ Πέτρος ἠκολούθει μακρόθεν. (Lk 22,54)

II. Substantive, Eigennamen

(ἡ) Ἀσία   Asien (römische Provinz)
(ἡ) Ἀχαΐα   Achaia (römische Provinz)

Wortfamilie ἄγω

ἄγω	L 17
ἀνάγω	hinaufführen ἀνά L 47
ἀπάγω	wegführen
εἰσάγω	hineinführen, einführen
ἐξάγω	hinausführen, herausführen
παράγω	vorbeigehen, gehen; *Pass.*: vorübergehen, vergehen
προάγω	vorwärts führen; vorangehen (+ *A*)
συνάγω	L 17
ὑπάγω	L 13
ἡ συναγωγή	L 17

I. Verba liquida

Verba liquida sind Verben mit konsonantischem Stammauslaut auf eine Liquida (= Fließlaut, Dauerlaut). Zu den Liquidae gehören:

a. Liquidae im engeren Sinn: -λ, -ρ

b. Nasale („Nasenlaute"): -μ, -ν

c. σ; ↔ zu den Verba liquida werden aber nur diejenigen Verben gerechnet, deren Stamm auf eine Liquida nach a. und b. auslautet.

1. Verba liquida im Aorist

Im Aorist fällt das Tempuszeichen σ nach den Liquidae aus; ersatzweise wird der vorhergehende Vokal gedehnt:

	Präsens	*reiner Verbalstamm*	*Vokal*	→	*Aorist*
-λ	ἀγγέλλω	ἀγγελ-	ε	→ ει	ἤγγειλα
-ν	κρίνω	κριν-	ι	→ ι *[lang]*	ἔκρινα
-ν	φαίνω L 25	φαν-	α	→ α *[lang]*	ἔφανα
			υ	→ υ *[lang]*	

2. Verba liquida im Perfekt

	Präsens	*Verbalstamm:*	**Perfekt**	
einsilbige Stämme: ε wird zu α	στέλλω	στελ-	ἔσταλκα	Aktiv
ν + κ → γκ	φαίνω	φαν-	πέφαγκα	Aktiv
ν + μ → μμ	ξηραίνω	ξηραν-	ἐξηραμμένος	Passiv

3. Verba liquida im Futur → s. L 53

Beispiel L 52 zu den Verba liquida

Καὶ συνάγονται οἱ ἀπόστολοι πρὸς τὸν Ἰησοῦν καὶ ἀπήγγειλαν αὐτῷ πάντα ὅσα ἐποίησαν καὶ ὅσα ἐδίδαξαν.

Und die Apostel versammelten sich bei Jesus und berichteten ihm alles, was sie getan hatten und was sie gelehrt hatten. (Mk 6,30)

L 53   Kontrahiertes (attisches) Futur. Wortfamilie εἰμί

I. Verben

παιδεύω	erziehen; züchtigen	τὸ παιδίον	L 19

II. Substantive, Eigennamen

ὁ παῖς, παιδός   Junge; Knecht   τὸ παιδίον L 19, παιδεύω
ὁ χρυσός   Gold

ἡ ἐλαία   Ölbaum; Olive
                τὸ ὄρος τῶν ἐλαιῶν   Ölberg
ἡ παιδίσκη   Magd   ὁ παῖς

τὸ βάπτισμα, βαπτίσματος   Taufe   βαπτίζω, ὁ βαπτιστής L 10
τὸ δεῖπνον   Mahl, Gastmahl
τὸ ἔλαιον   Öl, Salböl   ἡ ἐλαία
τὸ χρυσίον   Gold   ὁ χρυσός

III. Adjektive

κενός, -ή, -όν   leer
χρυσοῦς, -ῆ, -οῦν   golden   ὁ χρυσός, τὸ χρυσίον
                 (kontrahierte Endungen)

Wortfamilie εἰμί

εἰμί   L 7
ἄπειμι   abwesend sein
πάρειμι   dabei sein, anwesend sein, da sein
Λέγει οὖν αὐτοῖς ὁ Ἰησοῦς· ὁ καιρὸς ὁ ἐμὸς οὔπω πάρεστιν, ὁ δὲ καιρὸς ὁ ὑμέτερος πάντοτέ ἐστιν ἕτοιμος. (Joh 7,6)
ἔξεστιν   L 33

ἡ ἐξουσία   L 8
ἡ παρουσία   Anwesenheit; Ankunft   πάρειμι

ὄντως   wirklich, in Wahrheit *(Adverb)*

I. Kontrahiertes (attisches) Futur

Kontrahiertes Futur besitzen im NT
- die Verba liquida
- einige Verben auf -ίζω

1. Futur der Verba liquida

Ursprünglich wurde zwischen den Verbalstamm und das Tempuszeichen σ des Futurs ein ε eingeschoben; das nun intervokalische σ fiel aus, das verbleibende ε wurde mit den Personalendungen kontrahiert (entsprechend den Verba contracta auf -έω, s. L 11):

Präsens	Verbalstamm	Futur	erschlossene urspr. Formen	
αἴρω L 8	ἀρ-	ἀρῶ	< ἀρέ ω	< ἀρ έ σ ω

Kontraktionsregeln:
ε + ε = ει; ε + ο = ου; ε vor Langvokal oder Diphthong wird verschlungen.

	Aktiv	entstanden aus:	zum Vgl.	ποιέω (Präs.)
Sgl.				
1	ἀρῶ	< ἀρε [σ] ω		ποιῶ
2	ἀρεῖς	< ἀρε [σ] εις		ποιεῖς
3	ἀρεῖ	< ἀρε [σ] ει		ποιεῖ
Pl.				
1	ἀροῦμεν	< ἀρε [σ] ομεν		ποιοῦμεν
2	ἀρεῖτε	< ἀρε [σ] ετε		ποιεῖτε
3	ἀροῦσι(ν)	< ἀρε [σ] ουσιν		ποιοῦσι(ν)

2. Futur der Verben auf -ίζω

Verben auf -ίζω mit zwei oder mehr Stammsilben bilden ebenfalls das kontrahierte Futur („attisches Futur"). Im NT haben aber die meisten der Verben auf -ίζω stattdessen das Futur mit Tempuszeichen σ.

Präsens	kontrahiertes Futur	aber	Präsens	Futur mit σ
ἐλπίζω L 33	ἐλπιῶ		βαπτίζω L 10	βαπτίσω*

*ζ als Dental fällt vor σ aus, vgl. L 51

Beispiel L 53 zum kontrahierten Futur

Λύσατε τὸν ναὸν τοῦτον καὶ ἐν
τρισὶν* ἡμέραις ἐγερῶ αὐτόν.

Zerstört diesen Tempel, und in drei
Tagen werde ich ihn aufrichten.

(Joh 2,19)

*D von τρεῖς, s. L 68

L 54 Wurzelaorist I: βαίνω, γινώσκω
(Indikativ, Konjunktiv, Imperativ, Infinitiv)

I. Verben

▶ βαίνω   L 14
▶ γινώσκω   L 6
χαρίζομαι aus Gnaden schenken; vergeben   ἡ χάρις, τὸ χάρισμα   L 15

II. Substantive, Eigennamen, III. Adjektive

ὁ ἀλέκτωρ, ἀλέκτορος	Hahn
ὁ δράκων, δράκοντος	Drache, Schlange
ὁ ἵππος	Pferd
ὁ, ἡ κάμηλος	Kamel
ὁ λέων, λέοντος	Löwe
ὁ ὄφις, ὄφεως	Schlange
ὁ πῶλος	Jungtier; Pferd
ὁ χοῖρος	Schwein
ὁ θησαυρός	Schatz
ὁ ποταμός	Fluss, Strom

ἡ περιστερά	Taube

τὸ πετεινόν	Vogel

(ἡ) Ἀντιόχεια	Antiochia		
(ἡ) Ῥώμη	Rom		
(ὁ) Γαλιλαῖος, -αία, -αῖον galiläisch; Galiläer		(ἡ) Γαλιλαία	L 4
(ὁ) Ῥωμαῖος, -αία, -αῖον römisch; Römer		(ἡ) Ῥώμη	

VI. Adverbien, Konjunktionen, Zahlwörter, Interjektionen

ὡσεί   gleichsam wie; ungefähr
Ἐγένετο δὲ μετὰ τοὺς λόγους τούτους ὡσεὶ ἡμέραι ὀκτὼ καὶ
παραλαβὼν Πέτρον καὶ Ἰωάννην καὶ Ἰάκωβον ἀνέβη εἰς τὸ ὄρος
προσεύξασθαι. (Lk 9,28)

L 54: Wurzelaorist I: βαίνω, γινώσκω (Indikativ, Konjunktiv, Imperativ, Infinitiv)

I. Wurzelaorist I

Der Aorist entspricht dem Verbalstamm (= Wurzel). Dieser lautet auf einen (langen) Vokal aus, an den die aktiven Personalendungen direkt angefügt werden.

Zu den Wurzelaoristen gehören im NT vor allem:

Wurzel:
- βαίνω   βη-, βα-   im NT nur in Komposita, vgl. L 14
- γινώσκω   γνω-   gekürzt zu γνο- vor ντ und im Optativ (L 67 §)
- ἵσταμαι   στη-   L 61 §

βαίνω   ἀναβαίνω   γινώσκω

Ind.	End.*	Wurzel βη-, ἀναβη-		Wurzel γνω-	
Sgl.					
1	-ν	ἔβην	ἀνέβην	ἔγνων	
2	-ς	ἔβης	ἀνέβης	ἔγνως	
3	---	ἔβη	ἀνέβη	ἔγνω	
Pl.					
1	-μεν	ἔβημεν	ἀνέβημεν	ἔγνωμεν	
2	-τε	ἔβητε	ἀνέβητε	ἔγνωτε	
3	-σαν	ἔβησαν	ἀνέβησαν	ἔγνωσαν	

Konj.		Wurzel βη-, ἀναβη-		Wurzel γνω-	
Sgl.					
1	-ω	βῶ < βη ω	ἀναβῶ	γνῶ	< γνω ω
2	-ῃς	βῇς	ἀναβῇς	γνῷς, γνοῖς	ntl. Form
3	-ῃ	βῇ	ἀναβῇ	γνῷ, γνοῖ	ntl. Form
Pl.					
1	-ωμεν	βῶμεν	ἀναβῶμεν	γνῶμεν	
2	-ητε	βῆτε	ἀναβῆτε	γνῶτε	
3	-ωσι(ν)	βῶσι(ν)	ἀναβῶσι(ν)	γνῶσι(ν)	

Imp.		Wurzel βη-/βα-, ἀναβη-/ἀναβα-		Wurzel γνω-
Sgl.				
2	-θι	βῆθι, βά	ἀνάβηθι, ἀνάβα	γνῶθι
3	-τω	βάτω, βήτω	ἀναβάτω, -βήτω	γνώτω
Pl.				
2	-τε	βᾶτε, βῆτε	ἀνάβατε, -βητε	γνῶτε
3	-τωσαν	βήτωσαν	---	γνώτωσαν

Inf.	-ναι	βῆναι	ἀναβῆναι	γνῶναι

*wie Aorist Passiv

L 55 Wurzelaorist II: βαίνω, γινώσκω
(Partizip, Stammformen). Wortfamilie λέγω

II. Substantive, Eigennamen

| ὁ δέσμιος | Gefangener | δέω | L 34 |
| ὁ δεσμός | Fessel; *Pl.:* Gefängnis | | |

| (ἡ) Βαβυλών, Βαβυλῶνος | Babylon |

III. Adjektive

| ἀρχαῖος, -αία, -αῖον | ursprünglich, alt | ἡ ἀρχή | L 3 |
| παλαιός, -ά, -όν | alt | ἡ παλαιὰ διαθήκη | |

V. Präpositionen, VI. Adverbien, Konjunktionen, Interjektionen

ἐπάνω   über, auf *(uneigentliche Präposition + G);* oben *(Adverb)*
ὑποκάτω   unten, unterhalb *(uneigentliche Präposition + G)*

Wortfamilie λέγω

λέγω	L 6	ὁ λόγος	L 2
ἀντιλέγω	L 45		
διαλέγομαι	sich besprechen	ἡ διάλεκτος	Sprache
ἐκλέγομαι	L 50	ἡ ἐκλογή	*Akt.:* Erwählung
			Pass.: Ausgewähltes
		ἐκλεκτός	L 50
προλέγω	vorhersagen		
συλλέγω	sammeln		
λογίζομαι	L 29		
διαλογίζομαι	L 29	ὁ διαλογισμός	L 29
ἀπολογέομαι	sich verteidigen	ἡ ἀπολογία	Verteidigung
εὐλογέω	L 25	ἡ εὐλογία	L 25
		εὐλογητός, -ή, -όν	gepriesen
ὁμολογέω	L 44	ἡ ὁμολογία	Bekenntnis
ἐξομολογέομαι	L 44		

I. Wurzelaorist II
Partizip
βαίνω / ἀναβαίνω, *Wurzel* βα-/ἀναβα-

	m. Kons. Deklination		**f.** A-Deklination		**n.** Kons. Deklination	
Sgl.						
N	βάς	ἀναβάς	βᾶσα	ἀναβᾶσα	βάν	ἀναβάν
G	βάντος	ἀναβάντος	βάσης	ἀναβάσης	βάντος	ἀναβάντος
D	βάντι	ἀναβάντι	βάσῃ	ἀναβάσῃ	βάντι	ἀναβάντι
A	βάντα	ἀναβάντα	βᾶσαν	ἀναβᾶσαν	βάν	ἀναβάν
Pl.						
N	βάντες	ἀναβάντες	βᾶσαι	ἀναβᾶσαι	βάντα	ἀναβάντα
G	βάντων	ἀναβάντων	βασῶν	ἀναβασῶν	βάντων	ἀναβάντων
D	βᾶσι(ν)	ἀναβᾶσι(ν)	βάσαις	ἀναβάσαις	βᾶσι(ν)	ἀναβᾶσι(ν)
A	βάντας	ἀναβάντας	βάσας	ἀναβάσας	βάντα	ἀναβάντα

γινώσκω, *Wurzel* γνο-, *z. T. mit Ersatzdehnung zu* γνου-

	m. Kons. Deklination	**f.** A-Deklination	**n.** Kons. Deklination
Sgl.			
N	γνούς	γνοῦσα	γνόν
G	γνόντος	γνούσης	γνόντος
D	γνόντι	γνούσῃ	γνόντι
A	γνόντα	γνοῦσαν	γνόν
Pl.			
N	γνόντες	γνοῦσαι	γνόντα
G	γνόντων	γνουσῶν	γνόντων
D	γνοῦσι(ν)	γνούσαις	γνοῦσι(ν)
A	γνόντας	γνούσας	γνόντα

Stammformen

Präsens	**Futur***	**Aorist**	**Perfekt**
βαίνω	βήσομαι	ἔβην	βέβηκα
ἀναβαίνω	ἀναβήσομαι	ἀνέβην	ἀναβέβηκα
γινώσκω	γνώσομαι	ἔγνων	ἔγνωκα
	γνωσθήσομαι	ἐγνώσθην	ἔγνωσμαι

*mediales Futur mit aktiver Bedeutung

L 56 Athematische Konjugation (μι-Verben) I: Übersicht.
Wortfamilie τίθημι

II. Substantive, Eigennamen

ὁ ἑκατοντάρχης	Centurio, Führer einer Hundertschaft	ἄρχω L 16
ὁ πόλεμος	Kampf, Krieg; Streit	
ὁ χιλίαρχος	Tribun, Befehlshaber der Kohorte	ἄρχω L 16

ἡ ἀνάγκη	Nötigung, Zwang; Bedrängnis	
ἡ βρῶσις, βρώσεως	Essen; Speise	
ἡ χιλιάς, χιλιάδος	Tausendschaft	ὁ χιλίαρχος

τὸ βρῶμα, βρώματος	Speise	ἡ βρῶσις
τὸ δηνάριον	Denar	
τὸ κέρας, κέρατος	Horn; (Macht)	
τὸ τάλαντον	Talent (Gewicht, dann Münzeinheit)	

III. Adjektive, VI. Adverbien, Konjunktionen, Zahlwörter, Interjektionen

τεσσεράκοντα indekl.	vierzig	τέσσαρες	L 19
ἑκατόν indekl.	hundert	ὁ ἑκατοντάρχης	
χίλιοι, -αι, -α	tausend	ὁ χιλίαρχος, ἡ χιλιάς	
πολλάκις	häufig, oft	πολύς	L 17
ὡσαύτως	ebenso		

Wortfamilie τίθημι

▶ τίθημι	L 17
ἀποτίθημι	ablegen
ἐπιτίθημι	L 33
παρατίθημι	*Akt.:* vorlegen, vorsetzen
	Med.: übergeben, anvertrauen
προστίθημι	hinzufügen
ἀθετέω	L 49

ἡ διαθήκη	L 33
ἡ πρόθεσις, προθέσεως	Aufstellung; Entschluss; (göttlicher) Ratschluss

I. Athematische Konjugation I: Übersicht

- „Athematisch": Die Personalendungen werden ohne Themavokal an den Stamm gehängt.
- „μι-Verben": *1. Ps. Sgl. Präs. Akt.:* Endung auf -μι.

1. Verben mit Präsensreduplikation

		Präsensstamm	*Verbalstamm*	*Reduplikation*	
τίθημι	L 57-63	τιθη-, τιθε-	θη-, θε-	τι-	→
ἵημι	L 57-63	ἱη-, ἱε-	ἡ-, ἑ-	ἱ-	Reduplikations-
δίδωμι	L 57-63	διδω-, διδο-	δω-, δο-	δι-	vokal: ι
ἵστημι	L 57-63	ἱστη-, ἱστα-	στη-, στα-	ἱ-	

2. Verben mit Erweiterung des Verbalstammes durch -νυ- bzw. -ννυ-

		Präsensstamm	*Verbalstamm*	*Erweiterung*
δείκνυμι	L 64	δεικνυ-	δεικ-	-νυ- nach Konsonant
κρεμάννυμι	(hängen)	κρεμαννυ-	κρεμα(σ)-	-ννυ- nach Vokal

3. Wurzelpräsentien → L 65 f

Einzelne Formen von athematischen Verben werden thematisch gebildet; manche Verben weisen parallele Formen beider Konjugationsarten auf, z. B.

		ntl. Form:		*statt:*
ἀφίημι	Indikativ Präsens 1. Ps. Pl. Akt.	ἀφίομεν	L 57	↔ ἀφίεμεν
ἵστημι	Imperativ Präsens 2. Ps. Pl. Akt.	ἱστάνετε	L 57	↔ ἵστατε
δείκνυμι	Präsens 2. Ps. Sgl. Akt.	δεικνύεις	L 64	↔ δείκνυς

In den folgenden Tabellen wird statt ἵημι das Kompositum ἀφίημι (bzw. συνίημι) verwendet, da das Verbum simplex ἵημι im NT nicht vorkommt.

L 57 Athematische Konjugation II: Präsens Aktiv. Wortfamilie δίδωμι

I. Verben

ὑστερέω	*Akt.:* zurückstehen, geringer sein ὕστερος	L 35
	Akt. / Pass.: Mangel leiden, entbehren	
ὑψόω	erhöhen	
χορτάζω	satt machen, sättigen	

II. Substantive, Eigennamen

(ὁ) πλησίον indekl.	Nächster, Nahestehender, Mitmensch	
	als Adverb: nahe, benachbart	
	Καὶ τίς ἐστίν μου πλησίον; (Lk 10,29)	
ὁ ὕψιστος	Allerhöchster	ὑψόω
ὁ χόρτος	Gras, Heu	
τὸ ὕψος, ὕψους	Höhe; Himmel	ὑψόω, ὁ ὕψιστος

III. Adjektive

ὑψηλός, -ή, -όν	hoch; erhaben, hochmütig	ὑψόω, ὁ ὕψιστος
ὕψιστος, -η, -ον	höchster, erhabenster	ὕψιστος, ὑψίστη, ὕψιστον

Wortfamilie δίδωμι

▶ δίδωμι	L 17
ἀποδίδωμι	L 33
ἀνταποδίδωμι	(zurück-)erstatten, vergelten; rächen
ἐπιδίδωμι	hingeben, übergeben
παραδίδωμι	L 17

ἡ δωρεά, -ᾶς	Geschenk, Gabe
ἡ παράδοσις, παραδόσεως	Überlieferung
τὸ δῶρον	L 2

δωρεάν	als Geschenk; ohne Grund; vergebens

I. Athematische Konjugation II: Präsens Aktiv

Indikativ

	End.	τίθημι	ἀφίημι, συνίημι	δίδωμι	ἵστημι
Sgl.					
1	-μι	τίθημι	ἀφίημι, ἀφίω*	δίδωμι	ἵστημι
2	-ς	τίθης	ἀφίης, ἀφεῖς*	δίδως	ἵστης
3	-σι(ν)	τίθησι(ν)	ἀφίησι(ν)	δίδωσι(ν)	ἵστησι(ν)
Pl.					
1	-μεν	τίθεμεν	ἀφίεμεν, ἀφίομεν*	δίδομεν	ἵσταμεν, ἱστάνομεν*
2	-τε	τίθετε	ἀφίετε	δίδοτε	ἵστατε
3	-ασι(ν)	τιθέασι(ν)	συνιᾶσι(ν), ἀφίουσι(ν)*	διδόασι(ν)	ἱστᾶσι(ν)

Konjunktiv

	End.	τίθημι	ἀφίημι, συνίημι	δίδωμι	ἵστημι
Sgl.					
1	-ω	τιθῶ	ἀφιῶ	διδῶ	ἱστῶ
2	-ῃς	τιθῇς	ἀφιῇς	διδῷς, διδοῖς*	ἱστῇς
3	-ῃ	τιθῇ	ἀφιῇ	διδῷ, διδοῖ*	ἱστῇ
Pl.					
1	-ωμεν	τιθῶμεν	ἀφιῶμεν	διδῶμεν	ἱστῶμεν
2	-ητε	τιθῆτε	ἀφιῆτε	διδῶτε	ἱστῆτε
3	-ωσιν	τιθῶσι(ν)	συνιῶσι(ν)	διδῶσι(ν)	ἱστῶσι(ν)

Imperativ

	End.	τίθημι	ἀφίημι	δίδωμι	ἵστημι
Sgl.					
2	-[ε]	τίθει < θε ε	ἀφίει < ιε ε	δίδου < δο ε	ἵστη
3	-τω	τιθέτω	ἀφιέτω	διδότω	ἱστάτω
Pl.					
2	-τε	τίθετε	ἀφίετε	δίδοτε	ἵστατε, ἱστάνετε*
3	-τωσαν	τιθέτωσαν	ἀφιέτωσαν	διδότωσαν	ἱστάτωσαν

Infinitiv

	-ναι	τιθέναι	ἀφιέναι	διδόναι	ἱστάναι, ἱστάνειν*

*ntl. Form

L 58 Athematische Konjugation III: Präsens Med. / Pass. Wortfamilie ἵημι

I. Verben

διαμαρτύρομαι	bezeugen, Zeugnis ablegen	μαρτυρέω L 11
κτίζω	schaffen	
νίπτω	Akt.: waschen; Med.: sich waschen	
προσδοκάω	erwarten	
ῥύομαι	retten, bewahren	
τολμάω	wagen	
τρέφω	ernähren, füttern	

II. Substantive, Eigennamen

ὁ λῃστής	Räuber, Plünderer	
ὁ πυλών, πυλῶνος	Tor	

ἡ κτίσις, κτίσεως	Schöpfung; Geschöpf	κτίζω
ἡ πύλη	Tor, Tür	
ἡ ῥίζα	Wurzel	
ἡ συκῆ	Feigenbaum	
ἡ τροφή	Nahrung, Speise	τρέφω

τὸ τέρας, τέρατος	Wunder	σημεῖα καὶ τέρατα

VI. Adverbien, Konjunktionen, Zahlwörter, Interjektionen

παραχρῆμα	sofort, sogleich

Wortfamilie ἵημι

im NT nur Komposita:

▶ ἀφίημι	L 17
▶ συνίημι	verstehen, einsehen, begreifen

ἡ ἄφεσις	L 51
ἡ σύνεσις, συνέσεως	Urteilskraft; Einsicht, Verständnis

I. Athematische Konjugation III: Präsens Medium / Passiv

Indikativ

	End.	τίθημι	ἀφίημι	δίδωμι	ἵστημι
Sgl.					
1	-μαι	τίθεμαι	ἀφίεμαι	δίδομαι	ἵσταμαι
2	-σαι	τίθεσαι	ἀφίεσαι	δίδοσαι	ἵστασαι
3	-ται	τίθεται	ἀφίεται	δίδοται	ἵσταται
Pl.					
1	-μεθα	τιθέμεθα	ἀφιέμεθα	διδόμεθα	ἱστάμεθα
2	-σθε	τίθεσθε	ἀφίεσθε	δίδοσθε	ἵστασθε
3	-νται	τίθενται	ἀφίενται	δίδονται	ἵστανται

Konjunktiv – im NT nicht belegt –

Imperativ

	End.	τίθημι	ἀφίημι	δίδωμι	ἵστημι
Sgl.					
2	-σο	τίθεσο	ἀφίεσο	δίδοσο	ἵστασο
3	-σθω	τιθέσθω	ἀφιέσθω	διδόσθω	ἱστάσθω
Pl.					
2	-σθε	τίθεσθε	ἀφίεσθε	δίδοσθε	ἵστασθε
3	-σθωσαν	τιθέσθωσαν	ἀφιέσθωσαν	διδόσθωσαν	ἱστάσθωσαν

Infinitiv

-σθαι	τίθεσθαι	ἀφίεσθαι	δίδοσθαι	ἵστασθαι

Beispiele L 56-58 zur athematischen Konjugation

Εἰρήνην ἀφίημι ὑμῖν, εἰρήνην
τὴν ἐμὴν δίδωμι ὑμῖν.

Frieden lasse ich euch, meinen
Frieden gebe ich euch. (Joh 14,27)

Μείζονα ταύτης ἀγάπην οὐδεὶς
ἔχει, ἵνα τις τὴν ψυχὴν αὐτοῦ
θῇ* ὑπὲρ τῶν φίλων αὐτοῦ.

Eine größere Liebe als diese hat
keiner, dass einer sein Leben gibt
für seine Freunde. (Joh 15,13)

*Konjunktiv Aorist von τίθημι, s. L 60

L 59 Athematische Konjugation IV: Imperfekt. Wortfamilie ἵστημι

I. Verben

γεύομαι	genießen, kosten; kennenlernen
	Ἐάν τις τὸν λόγον μου τηρήσῃ, οὐ μὴ γεύσηται
	θανάτου εἰς τὸν αἰῶνα. (Joh 8,52)
ζηλόω	sich eifrig bemühen; mit Eifersucht, Neid erfüllt sein
κληρονομέω	als Anteil, Besitz erhalten; beerben

II. Substantive, Eigennamen

ὁ ζῆλος	Eifer; Eifersucht	[auch: τὸ ζῆλος, ζήλους]
ὁ ζηλωτής	Eiferer	
ὁ κληρονόμος	(der) Erbe	
ὁ κλῆρος	Los; Anteil	

ἡ κληρονομία	(das) Erbe; Heilsbesitz

Wortfamilie ἵστημι   *thematische Konjugation:*

▶ ἵστημι	L 17	ἱστάνω
ἵσταμαι	L 17	
ἀνθίστημι	sich widersetzen	
ἀνίστημι	L 17	
ἀφίστημι	sich entfernen	
ἐξίστημι	außer sich geraten	ἐξιστάνω
ἐφίστημι	herantreten	
καθίστημι	einsetzen	καθιστάνω
παρίστημι	L 33	παριστάνω
συνίστημι	vorstellen, empfehlen	συνιστάνω
ἐπίσταμαι	wissen, kennen; verstehen	
στήκω	L 45	

ὁ ἐπιστάτης	Meister
ἡ στάσις, στάσεως	Aufstand, Empörung; Zwist
ἡ ἀνάστασις	L 33

I. Athematische Konjugation IV: Imperfekt

Akt.	End.	τίθημι	ἀφίημι	δίδωμι	ἵστημι
Sgl.					
1	-ν	ἐτίθην	ἀφίειν	ἐδίδουν < δο ον	ἵστην
2	-ς	ἐτίθεις < θε ες	ἀφίεις	ἐδίδους < δο ες	ἵστης
3	-[ε(ν)]	ἐτίθει < θε ε	ἀφίει, ἤφιεν*	ἐδίδου < δο ε	ἵστη
Pl.					
1	-μεν	ἐτίθεμεν	ἀφίεμεν	ἐδίδομεν	ἵσταμεν
2	-τε	ἐτίθετε	ἀφίετε	ἐδίδοτε	ἵστατε
3	-σαν	ἐτίθεσαν, ἐτίθουν* < θε ον	ἀφίεσαν	ἐδίδοσαν, ἐδίδουν* < δο ον	ἵστασαν

Med./Pass.	End.	τίθημι	ἀφίημι	δίδωμι	ἵστημι
Sgl.					
1	-μην	ἐτιθέμην	ἀφιέμην	ἐδιδόμην	ἱστάμην
2	-σο	ἐτίθεσο	ἀφίεσο	ἐδίδοσο	ἵστασο
3	-το	ἐτίθετο	ἀφίετο	ἐδίδοτο	ἵστατο
Pl.					
1	-μεθα	ἐτιθέμεθα	ἀφιέμεθα	ἐδιδόμεθα	ἱστάμεθα
2	-σθε	ἐτίθεσθε	ἀφίεσθε	ἐδίδοσθε	ἵστασθε
3	-ντο	ἐτίθεντο	ἀφίεντο	ἐδίδοντο	ἵσταντο

*ntl. Form

Beispiele L 59 zum Imperfekt der athematischen Konjugation

...καὶ ἐδίδου αὐτοῖς ἐξουσίαν τῶν πνευμάτων τῶν ἀκαθάρτων...

...und er gab ihnen Vollmacht über die unreinen Geister... (Mk 6,7)

...καὶ δαιμόνια πολλὰ ἐξέβαλεν καὶ οὐκ ἤφιεν λαλεῖν τὰ δαιμόνια, ὅτι ᾔδεισαν αὐτόν.

...und er trieb viele Dämonen aus und ließ die Dämonen nicht reden, weil sie ihn kannten. (Mk 1,34)

...τότε ἐπετίθεσαν τὰς χεῖρας ἐπ' αὐτοὺς καὶ ἐλάμβανον πνεῦμα ἅγιον.

...dann legten sie ihnen die Hände auf, und sie empfingen heiligen Geist. (Apg 8,17)

L 60 Athematische Konjugation V: Aorist Aktiv

I. Verben

Wie ἵστημι, ἵσταμαι werden konjugiert:

πίμπλημι	L 50
δύναμαι	L 10
ἐπίσταμαι	L 59

νομίζω	meinen, glauben, annehmen
σέβομαι	verehren
φυτεύω	anpflanzen
ὠφελέω	nützen, fördern, unterstützen

II. Substantive, Eigennamen

ὁ νυμφίος	Bräutigam
ὁ ῥαββί	Rabbi (Anrede / Ehrentitel für herausragende Gesetzeslehrer), < hebr. רַבִּי

...μήτι ἐγώ εἰμι, ῥαββί; (Mt 26,25)

ὁ προσήλυτος Proselyt (Lk; durch Beschneidung und Übernahme des jüd. Gesetzes zum Judentum übergetretener Heide)

(οἱ) σεβόμενοι (τὸν θεόν) Gottesfürchtige (Lk; Heiden, die dem Judentum nahe standen, ohne die gesamte Tora und die Beschneidung auf sich zu nehmen)

ἡ εὐσέβεια	Frömmigkeit, Gottesfurcht	σέβομαι
ἡ νύμφη	Braut	ὁ νυμφίος
ἡ παρθένος	Jungfrau	
ἡ φύσις, φύσεως	Natur, Naturanlage	φυτεύω

(ὁ) Βαραββᾶς Barabbas ...ἀπόλυσον δὲ ἡμῖν τὸν Βαραββᾶν.
(Lk 23,18)

(ὁ) Λάζαρος Lazarus

III. Adjektive

γυμνός, -ή, -όν nackt, dürftig gekleidet; unverhüllt

I. Athematische Konjugation V: Aorist Aktiv

Indikativ
aber:

	End.	τίθημι	ἀφίημι	δίδωμι	ἵστημι
Sgl.					*Endungen s. L 25*
1	-κα	ἔθηκα	ἀφῆκα	ἔδωκα	ἔστησα
2	-κας	ἔθηκας	ἀφῆκας	ἔδωκας	ἔστησας
3	-κε(ν)	ἔθηκε(ν)	ἀφῆκε(ν)	ἔδωκε(ν)	ἔστησε(ν)
Pl.					
1	-καμεν*	ἐθήκαμεν	ἀφήκαμεν	ἐδώκαμεν	ἐστήσαμεν
2	-κατε*	ἐθήκατε	ἀφήκατε	ἐδώκατε	ἐστήσατε
3	-καν*	ἔθηκαν	ἀφῆκαν	ἔδωκαν, ἔδοσαν	ἔστησαν

Konjunktiv wie Präsens; ohne Reduplikation

	End.	τίθημι	ἀφίημι	δίδωμι	ἵστημι
Sgl.					*Endungen s. L 43*
1	-ω	θῶ	ἀφῶ	δῶ	στήσω
2	-ῃς	θῇς	ἀφῇς	δῷς	στήσῃς
3	-ῃ	θῇ	ἀφῇ	δῷ, δοῖ*, δώῃ*, δώσῃ*	στήσῃ
Pl.					
1	-ωμεν	θῶμεν	ἀφῶμεν	δῶμεν	στήσωμεν
2	-ητε	θῆτε	ἀφῆτε	δῶτε	στήσητε
3	-ωσιν	θῶσι(ν)	ἀφῶσι(ν)	δῶσι(ν)	στήσωσι(ν)

Imperativ wie Präs.; ohne Reduplikation; *Ausnahme:* 2. Ps. Sgl.

	End.	τίθημι	ἀφίημι	δίδωμι	ἵστημι
Sgl.					*Endungen s. L 25*
2	-ς	θές	ἄφες	δός	στῆσον
3	-τω	θέτω	ἀφέτω	δότω	στησάτω
Pl.					
2	-τε	θέτε	ἄφετε	δότε	στήσατε
3	-τωσαν	θέτωσαν	ἀφέτωσαν	δότωσαν	στησάτωσαν

Infinitiv

	-ε ναι	θεῖναι < θε εναι	ἀφεῖναι < ἀφε εναι	δοῦναι < δο εναι	στῆσαι *Endung s. L 25*

**ntl. Form bzw. Endung

L 61 Athematische Konjugation VI: Aorist Medium. Wurzelaorist III: ἵσταμαι

I. Verben

δέρω	prügeln
μοιχεύω	Ehebruch begehen (mit; + A)
	Ἠκούσατε ὅτι ἐρρέθη· οὐ μοιχεύσεις. ἐγὼ δὲ λέγω ὑμῖν ὅτι πᾶς ὁ βλέπων γυναῖκα πρὸς τὸ ἐπιθυμῆσαι αὐτὴν ἤδη ἐμοίχευσεν αὐτὴν ἐν τῇ καρδίᾳ αὐτοῦ. (Mt 5,27 f)
τύπτω	schlagen
φονεύω	morden, töten

II. Substantive, Eigennamen

ὁ θεμέλιος	Grundlage; Grundstein, Fundament	
ὁ κράβαττος	Bett	
ὁ ὅρκος	Eid	(ὄμνυμι L 50)
ὁ τύπος	Typus, Vorbild; Form; Mal	τύπτω
ὁ φόνος	Tötung; Mord, Totschlag	φονεύω

ἡ ἄκανθα	Dornengewächs	
ἡ ἀνομία	Gesetzlosigkeit	ὁ νόμος L 8
ἡ θρίξ, τριχός	Haar	Καὶ ἦν ὁ Ἰωάννης ἐνδεδυμένος τρίχας καμήλου... (Mk 1,6)
ἡ οἰκουμένη	bewohnte Erde, Erdkreis; Menschheit	
ἡ φιάλη	Schale, Opferschale	

(ὁ) Ἀπολλῶς	Apollos	G: τοῦ Ἀπολλῶ, A: τὸν Ἀπολλῶ / Ἀπολλῶν
(ὁ) Σιλᾶς	Silas	
(ὁ) Φῆστος	Festus	
(ἡ) Βηθανία	Bethanien	

III. Adjektive

ἄνομος, -ον*	gesetzlos, gesetzeswidrig	ἡ ἀνομία

*zweiendiges Adjektiv

I. Athematische Konjugation VI: Aorist Medium

Formen im Aorist Medium sind im NT nur von τίθημι und δίδωμι belegt.

Indikativ wie Impf.; ohne Reduplikation   **Konjunktiv**

	End.	τίθημι	δίδωμι
Sgl.			
1	-μην	ἐθέμην	ἐδόμην
2	-σο	ἔθου < εσο	ἔδου < οσο
3	-το	ἔθετο	ἔδοτο
Pl.			
1	-μεθα	ἐθέμεθα	ἐδόμεθα
2	-σθε	ἔθεσθε	ἔδοσθε
3	-ντο	ἔθεντο	ἔδοντο

	End.	τίθημι	δίδωμι
	-ωμαι	θῶμαι	δῶμαι
	-η < ησαι	θῇ	δῷ
	-ηται	θῆται	δῶται
	-ωμεθα	θώμεθα	δώμεθα
	-ησθε	θῆσθε	δῶσθε
	-ωνται	θῶνται	δῶνται

Imperativ wie Präs.; ohne Reduplikation   **Infinitiv**

	End.	τίθημι	δίδωμι
Sgl.			
2	-ου < ε/οσο	θοῦ	δοῦ
3	-σθω	θέσθω	δόσθω
Pl.			
2	-σθε	θέσθε	δόσθε
3	-σθωσαν	θέσθωσαν	δόσθωσαν

End.	τίθημι	δίδωμι
-σθαι	θέσθαι	δόσθαι

II. Wurzelaorist III: ἵσταμαι

Mediale Aoristformen des **transitiven** Verbs ἵστημι sind im NT nicht belegt; das **intransitive** Verb ἵσταμαι (stehen bleiben, hintreten) hat einen Wurzelaorist (analog zu βαίνω, γινώσκω, s. L 54 f); [Partizip s. L 62; Stammformen s. L 63]:

	Indikativ	Konjunktiv	Imperativ	Infinitiv
Sgl.				στῆναι
1	ἔστην	στῶ		
2	ἔστης	στῇς	στῆθι*	
3	ἔστη	στῇ	στήτω	
Pl.				
1	ἔστημεν	στῶμεν		
2	ἔστητε	στῆτε	στῆτε	
3	ἔστησαν	στῶσιν	στήτωσαν	

*Imperativ 2. Ps. Sgl. von ἀνίσταμαι: ἀνάστηθι, ἀνάστα

L 62 Athematische Konjugation VII: Partizip. Wortfamilie πληρόω

I. Verben

κλείω	schließen
κοιμάομαι	(ein-)schlafen; entschlafen
σαλεύω	erschüttern
ταράσσω	in Aufregung, Verwirrung bringen
παύομαι	aufhören
ἀναπαύω	*Akt.:* ausruhen lassen; *Med.:* sich ausruhen

II. Substantive, Eigennamen

ἡ ὀψία	Abend
	ὀψίας γενομένης als es Abend geworden war *(GenAbs)*

III. Adjektive, VI. Adverbien, Konjunktionen, Zahlwörter, Interjektionen

πώς	*nur:* μή πως	πῶς L 9
	dass nicht etwa, damit nicht etwa *(+ Konj. Aorist)*;	
	dass vielleicht *(*nach Verben der Besorgnis; + *Konj. Aorist)*	

ὄψιος, -ία, -ιον	spät	ἡ ὀψία
πρωΐ	früh, frühmorgens *(Adverb)*	

Wortfamilie πληρόω

πληρόω	L 13
πληθύνω	*Akt.:* voll machen, vermehren
	Pass.: sich vermehren, wachsen, zunehmen
πίμπλημι	L 50

τὸ πλήρωμα, πληρώματος	Fülle; Füllung; Erfüllung
τὸ πλῆθος	L 23

πλήρης, -ες*	angefüllt, voll; vollständig

*zweiendiges Adjektiv

I. Athematische Konjugation VII: Partizip
Präsens

Akt.		τίθημι	ἀφίημι	δίδωμι	ἵστημι
		m., n. Konsonantische Deklination; f. A-Deklination			
Sgl.					
N	m.	τιθείς	ἀφιείς	διδούς	ἱστάς, ἱστάνων*
G		τιθέντος	ἀφιέντος	διδόντος	ἱστάντος
N	f.	τιθεῖσα	ἀφιεῖσα	διδοῦσα	ἱστᾶσα
G		τιθείσης	ἀφιείσης	διδούσης	ἱστάσης
N	n.	τιθέν	ἀφιέν	διδόν, διδοῦν*	ἱστάν
G		τιθέντος	ἀφιέντος	διδόντος	ἱστάντος

Med./Pass.					
		flektiert nach der O- und A-Deklination			
Sgl.					
N	m.	τιθέμενος	ἀφιέμενος	διδόμενος	ἱστάμενος
	f.	τιθεμένη	ἀφιεμένη	διδομένη	ἱσταμένη
	n.	τιθέμενον	ἀφιέμενον	διδόμενον	ἱστάμενον

Aorist

Akt.		τίθημι	ἀφίημι	δίδωμι	ἵστημι
		wie Präsens; ohne Reduplikation			
Sgl.					
N	m.	θείς	ἀφείς	δούς	στήσας
G		θέντος	ἀφέντος	δόντος	στήσαντος
N	f.	θεῖσα	ἀφεῖσα	δοῦσα	στήσασα
G		θείσης	ἀφείσης	δούσης	στησάσης
N	n.	θέν	ἀφέν	δόν	στῆσαν
G		θέντος	ἀφέντος	δόντος	στήσαντος

Med.					ἵσταμαι
		wie Präsens; ohne Reduplikation			(Wurzelaorist Akt.!)
Sgl.					
N	m.	θέμενος	ἀφέμενος	δόμενος	στάς, στάντος
	f.	θεμένη	ἀφεμένη	δομένη	στᾶσα, στάσης
	n.	θέμενον	ἀφέμενον	δόμενον	στάν, στάντος

*ntl. Form

L 63   Athematische Konjugation VIII: Stammformen

I. Verben

ἀπειθέω	ungehorsam sein	πείθω	L 29
κατεσθίω	aufessen [*auch:* κατέσθω]	ἐσθίω	L 20
ποιμαίνω	weiden, hüten		
προσδέχομαι	aufnehmen; erwarten	δέχομαι	L 21
σφραγίζω	versiegeln		
ἀναφέρω	hinaufbringen; (Opfer) darbringen	(προσ-)φέρω	L 13
διαφέρω	*trans.* hindurchtragen; verbreiten		
	intrans. sich unterscheiden; sich hervortun		
συμφέρω	zusammentragen; nützen		
	Ptz.: συμφέρων nützlich		
	συμφέρει τι etwas nützt		
μερίζω	*Akt.:* zerteilen; *Med.:* ver-, zuteilen	τὸ μέρος	L 34
διαμερίζω	zerteilen, verteilen		

II. Substantive, Eigennamen

ὁ ποιμήν, ποιμένος	Hirte	ποιμαίνω
ὁ σῖτος	Weizen; Getreide, Korn	

ἡ αὐλή	Hof	
ἡ ζύμη	Sauerteig	
ἡ ποίμνη	Herde, Schafherde	ποιμαίνω, ὁ ποιμήν
ἡ σφραγίς, σφραγίδος	Siegel	σφραγίζω
ἡ τράπεζα	Tisch	

τὸ συμφέρον	Nutzen, Vorteil	συμφέρω

(ἡ) Ναζαρά, Ναζαρέθ, Ναζαρέτ indekl.	Nazaret	
ὁ Ναζαρηνός	Nazarener	Ἰησοῦς ὁ Ναζαρηνός
ὁ Ναζωραῖος	Nazoräer	(? < *hebr.* נֵצֶר, Spross)

III. Adjektive

ἀμφότεροι, -αι, -α   beide; (alle)

I. Athematische Konjugation VIII
Stammformen

τίθημι	θήσω	ἔθηκα	τέθεικα
	τεθήσομαι	ἐτέθην	τέθειμαι, κεῖμαι
	< θε θησομαι	< ἐ θε θην (Hauchdissimilation)	
ἀφίημι	ἀφήσω	ἀφῆκα	ἀφεῖκα
	ἀφεθήσομαι	ἀφέθην	ἀφέωνται *(3. Ps. Pl.)*
δίδωμι	δώσω	ἔδωκα	δέδωκα
	δοθήσομαι	ἐδόθην	δέδομαι
ἵστημι	στήσω	ἔστησα	ἐξέστακα (von ἐξίστημι)
	σταθήσομαι	ἐστάθην	---
ἵσταμαι	στήσομαι /	ἔστην /	ἕστηκα
	σταθήσομαι	ἐστάθην	εἱστήκειν *(Plqperf.)*

Die Formen ἐστάθην und σταθήσομαι werden im NT nicht nur als Passiv von ἵστημι verwendet („ich wurde gestellt, werde gestellt werden"), sondern auch für das intransitive ἵσταμαι als bedeutungsgleiche Alternativen zu ἔστην und στήσομαι („ich blieb stehen, werde stehen bleiben").

Beispiele L 57-63 zu ἵστημι und ἵσταμαι

Καὶ προσκαλεσάμενος παιδίον ἔστησεν αὐτὸ ἐν μέσῳ αὐτῶν...	Und nachdem er ein Kind herbeigerufen hatte, stellte er es in ihre Mitte... (Mt 18,2)
Ταῦτα δὲ αὐτῶν λαλούντων αὐτὸς ἔστη ἐν μέσῳ αὐτῶν καὶ λέγει αὐτοῖς· εἰρήνη ὑμῖν.	Als sie aber dies redeten, stellte er sich (selbst) in ihre Mitte und sagte zu ihnen: Friede [sei] euch! (Lk 24,36)
Ἰδοὺ ἕστηκα ἐπὶ τὴν θύραν...	Siehe, ich stehe an der Tür... (Offb 3,20)
Ὁ δὲ Ἰησοῦς ἐστάθη ἔμπροσθεν τοῦ ἡγεμόνος.	Jesus aber wurde vor den Statthalter gestellt. (Mt 27,11)
Οἱ δὲ ἀκούσαντες τοῦ βασιλέως ἐπορεύθησαν καὶ ἰδοὺ ὁ ἀστὴρ... προῆγεν αὐτούς, ἕως ἐλθὼν ἐστάθη ἐπάνω οὗ ἦν τὸ παιδίον.	Nachdem die aber den König gehört hatten, reisten sie (ab) und siehe, der Stern... ging ihnen voran, bis er (an)gekommen war und darüber, wo das Kind war, stehen blieb. (Mt 2,9)

L 64 Athematische Konjugation IX: Wörter auf -νυμι

I. Verben   *thematische Konjugation*

▶ ἀπόλλυμι   L 18   ἀπολλύω
▶ δείκνυμι   L 43   δεικνύω
▶ ἐνδείκνυμι   zeigen
▶ ζώννυμι   *Akt.:* gürten; *Med.:* sich gürten   ζωννύω
▶ ὄμνυμι   L 50   ὀμνύω

ἀτενίζω   gespannt hinsehen
μακροθυμέω Geduld haben; langmütig sein   μακράν   L 24
ξενίζω   gastlich aufnehmen, beherbergen; befremden

II. Substantive, Eigennamen

ὁ ἐνιαυτός   Jahr   (τὸ ἔτος   L 23)
ὁ θυμός   Leidenschaft; Zorn, Wut   ἡ ἐπιθυμία L 27, μακροθυμέω
ὁ λύχνος   Lampe
ὁ ξένος   Fremder; Gastgeber   ξενίζω
ὁ σεισμός   Erdbeben

ἡ ζώνη   Gürtel   ζώννυμι
ἡ λυχνία   Leuchter   ὁ λύχνος
ἡ μακροθυμία Geduld, Standhaftigkeit; Langmut   μακροθυμέω, ὁ θυμός

τὸ γράμμα, γράμματος   Buchstabe, Schriftstück
                                                           γράφω L 6, ὁ γραμματεύς L 24

III. Adjektive

ξένος, -η, -ον   fremd   ξενίζω, ὁ ξένος
                  Ἀγαπητέ, πιστὸν ποιεῖς ὃ ἐὰν ἐργάσῃ εἰς τοὺς
                  ἀδελφοὺς καὶ τοῦτο ξένους... (3Joh 1,5)

VI. Adverbien, Konjunktionen, Zahlwörter, Interjektionen

ὁμοθυμαδόν   übereinstimmend, einmütig   ὁ θυμός

I. Athematische Konjugation IX: Wörter auf -νυμι

1. Aktiv (Präsens, Imperfekt)

Im Aktiv gibt es neben den athematischen Formen auch (jüngere) thematische Formen:

Indikativ

	athematisch	thematisch
Sgl.		
1	δείκνυμι	δεικνύω
2	δείκνυς	δεικνύεις
3	δείκνυσι(ν)	δεικνύει
Pl.		
1	δείκνυμεν	δεικνύομεν
2	δείκνυτε	δεικνύετε
3	δεικνύασι(ν)	δεικνύουσι(ν)

Imperativ

	athematisch	thematisch
Sgl.		
1		
2	δείκνυ	δείκνυε
3	δεικνύτω	δεικνυέτω
Pl.		
1		
2	δείκνυτε	δεικνύετε
3	δεικνύτωσαν	δεικνυέτωσαν

Konjunktiv

	nur thematisch
Sgl.	
1	δεικνύω
2	δεικνύῃς
3	δεικνύῃ
Pl.	
1	δεικνύωμεν
2	δεικνύητε
3	δεικνύωσι(ν)

Imperfekt

	nur thematisch
Sgl.	
1	ἐδείκνυον
2	ἐδείκνυες
3	ἐδείκνυε(ν)
Pl.	
1	ἐδείκνυομεν
2	ἐδείκνυετε
3	ἐδείκνυον

Infinitiv

athematisch	thematisch
δεικνύναι	δεικνύειν

Partizip

	athematisch	thematisch
Sgl.		
m.	δεικνύς, δεικνύντος	δεικνύων, δεικνύοντος
f.	δεικνῦσα, δεικνύσης	δεικνύουσα, δεικνυούσης
n.	δεικνύν, δεικνύντος	δεικνύον, δεικνύοντος

2. Medium

Im Medium bleiben die athematischen Formen vorherrschend (vgl. L 58 ff).

L 65 Wurzelpräsens I

I. Verben

▶ εἰμί　　　L 7

▶ εἶμι *(gehen; im NT nur in Komposita):*
  εἴσειμι　　hineingehen
  ἔξειμι　　heraus-, hinausgehen, fortgehen
  ἔπειμι　　bevorstehen, folgen (Zeit)

▶ κάθημαι　　L 18

▶ κεῖμαι　　　liegen; bestimmt sein
  ἀνάκειμαι　zu Tisch liegen
  κατάκειμαι　krank darniederliegen; zu Tisch liegen

▶ φημί　　ich sage　　　　　　　　　　　ἔφη　L 28
  προφητεύω L 6, ὁ προφήτης, ἡ προφητεία L 3
  βλασφημέω, ἡ βλασφημία L 25

II. Substantive, Eigennamen

ὁ νεανίσκος　　junger Mann, Jüngling　　νέος　L 35
ὁ τρόπος　　　Art und Weise

ἡ ἀπολύτρωσις, ἀπολυτρώσεως　Freilassung, Erlösung　ἀπολύω L 20
ἡ ἀσέλγεια　　Zügellosigkeit, Üppigkeit
ἡ ῥάβδος　　　Stab, Stock; Zepter

τὸ βῆμα, βήματος　Tribüne, Richterstuhl; Schritt
τὸ μύρον　　　　Salböl

V. Präpositionen, VI. Adverbien, Konjunktionen, Interjektionen

καθάπερ　so wie, gleich wie
πρίν　　　vor; bevor, ehe *(uneigentl. Präposition + G; Konjunktion)*
　　　　　Κύριε, κατάβηθι πρὶν ἀποθανεῖν τὸ παιδίον μου. (Joh 4,49)

I. Wurzelpräsens I

Der Präsensstamm entspricht dem Verbalstamm (= Wurzel). Die Personalendungen werden direkt angefügt.

Zu den Wurzelpräsentien gehören im NT:

	Wurzel:	
• εἰμί	ἐσ-	
• εἶμι	εἰ-, ἰ-	im NT nur in Komposita
• φημί	φη-, φα-	
• κεῖμαι	κει-	auch als Perf. Pass. zu τίθημι (s. L 63)
• κάθημαι	καθη(σ)-	

Formen im NT:

1. εἰμί → Formenübersicht s. L 66

2. εἶμι

Präsens			Imperfekt		
			εἰσῄει	3. Ps. Sgl.	er ging hinein
εἰσίασι(ν)	Ind. 3. Ps. Pl.	sie gehen hinein	ἐξῇεσαν	3. Ps. Pl.	sie gingen heraus
εἰσιέναι	Infinitiv	hineingehen			

3. φημί

Präsens			Imperfekt *(auch Aoristbedeutung)*		
φημί	Ind. 1. Ps. Sgl.	ich sage			
φησί(ν)	Ind. 3. Ps. Sgl.	er sagt	ἔφη	3. Ps. Sgl.	er sagte
φασί(ν)	Ind. 3. Ps. Pl.	sie sagen			

4./5. κεῖμαι / κάθημαι

Präsens				Imperfekt		
κεῖμαι	Ind. 1. Ps. Sgl.	κάθημαι				
	Ind. 2. Ps. Sgl.	κάθῃ				
κεῖται	Ind. 3. Ps. Sgl.	κάθηται		ἔκειτο	3. Ps. Sgl.	ἐκάθητο
κείμεθα	Ind. 1. Ps. Pl.					
κεῖνται	Ind. 3. Ps. Pl.	κάθηνται		ἔκειντο	3. Ps. Pl.	ἐκάθηντο
	Imp. 2. Ps. Sgl.	κάθου				
κεῖσθαι	Infinitiv	καθῆσθαι				
κείμενος	Partizip	καθήμενος				

L 66 Wurzelpräsens II: Formenübersicht εἰμί.
Wortfamilie βάλλω

I. Verben

βοάω	rufen, schreien, brüllen	
δαιμονίζομαι	von einem Dämon besessen sein	τὸ δαιμόνιον L 13
ἐμπαίζω	verspotten	
καταρτίζω	in Ordnung bringen, vollenden; herstellen	
κλάω	(Brot) brechen	
στηρίζω	festmachen; kräftigen, stärken	
ταπεινόω	erniedrigen, demütigen	
ἐπαισχύνομαι	sich schämen	
καταισχύνω	schänden; beschämen; *Pass.*: zuschanden werden	
ἐπιζητέω	(auf-)suchen; wünschen, verlangen	ζητέω L 11
συζητέω	sich besprechen; disputieren, streiten	

II. Substantive, Eigennamen

ὁ κάλαμος	Schilfrohr; Rohrstab, Maßstab	
ὁ κλάδος	Zweig	
ἡ αἰσχύνη	Scham; Schande, Schmach	ἐπαισχύνομαι, καταισχύνω

Wortfamilie βάλλω

βάλλω	L 6
ἐκβάλλω	L 6
ἐπιβάλλω	L 50
περιβάλλω	L 50

ὁ διάβολος L 34
ἡ καταβολή Grundlegung, Anfang
Δεῦτε οἱ εὐλογημένοι τοῦ πατρός μου, κληρονομήσατε τὴν ἡτοιμασμένην ὑμῖν βασιλείαν ἀπὸ καταβολῆς κόσμου. (Mt 25,34)
ἡ παραβολή L 29
ἡ παρεμβολή Lager; Kaserne

I. Wurzelpräsens II
Formenübersicht εἰμί

Präsens				Futur	Imperfekt
Indikativ	Imperativ	Konjunktiv			
L 7	L 21	L 41		L 21	L 33
Sgl.					
1 εἰμί		ὦ		ἔσομαι	ἤμην
2 εἶ	ἴσθι	ᾖς		ἔσῃ	ἦς / ἦσθα
3 ἐστί(ν) / ἔστιν	ἔστω / ἤτω	ᾖ		ἔσται	ἦν
Pl.					
1 ἐσμέν		ὦμεν		ἐσόμεθα	ἦμεν / ἤμεθα
2 ἐστέ	(ἔσεσθε)	ἦτε		ἔσεσθε	ἦτε
3 εἰσί(ν)	ἔστωσαν	ὦσι(ν)		ἔσονται	ἦσαν

	Präsens L 7			Futur L 21	
Inf.	εἶναι			ἔσεσθαι	

Präsens				Optativ* vgl. L 67	
Partizip L 29					
	m.	f.	n.		
Sgl.				**Sgl.**	
N	ὤν	οὖσα	ὄν	1	
G	ὄντος	οὔσης	ὄντος	2	
D	ὄντι	οὔσῃ	ὄντι	3	εἴη
A	ὄντα	οὖσαν	ὄν	**Pl.**	
Pl.				1	
N	ὄντες	οὖσαι	ὄντα	2	
G	ὄντων	οὐσῶν	ὄντων	3	
D	οὖσι(ν)	οὔσαις	οὖσι(ν)		
A	ὄντας	οὔσας	ὄντα		

*im NT nur 3. Ps. Sgl. belegt

L 67 Optativ. Wortfamilie καλέω

I. Verben

καίω anzünden, verbrennen
κατακαίω niederbrennen, verbrennen
καταντάω hinkommen, gelangen; erreichen
ὑπαντάω entgegengehen, begegnen; gegenübertreten
παραιτέομαι sich erbitten, entschuldigen; zurückweisen   αἰτέω L 20

II. Substantive, Eigennamen

ὁ ἁλιεύς, ἁλιέως Fischer   ἁλιεῖς ἀνθρώπων
ὁ ἀσκός Schlauch
ὁ καπνός Rauch
ὁ ὀδούς, ὀδόντος Zahn

τὸ γόνυ, γόνατος Knie
τὸ δίκτυον Netz

VI. Adverbien, Konjunktionen, Zahlwörter, Interjektionen

λίαν sehr, ganz
σφόδρα heftig, gewaltig   Ἰδόντες δὲ τὸν ἀστέρα ἐχάρησαν χαρὰν μεγάλην σφόδρα. (Mt 2,10)

Wortfamilie καλέω

καλέω L 11
ἐπικαλέω L 38
παρακαλέω L 11
προσκαλέομαι L 38

ἡ ἐκκλησία L 7
ἡ κλῆσις, κλήσεως Berufung, Einladung
ἡ παράκλησις L 23

κλητός, -ή, -όν berufen, geladen

I. Optativ

Präsens

	Aktiv		Medium / Passiv	
	End.		End.	
Sgl.				
1	-οι μι	πιστεύοιμι	-οι μην	πιστευοίμην
2	-οι ς	πιστεύοις	-οι ο < σο	πιστεύοιο
3	-οι	πιστεύοι	-οι το	πιστεύοιτο
Pl.				
1	-οι μεν	πιστεύοιμεν	-οι μεθα	πιστευοίμεθα
2	-οι τε	πιστεύοιτε	-οι σθε	πιστεύοισθε
3	-οι εν	πιστεύοιεν	-οι ντο	πιστεύοιντο

Aorist I

	Aktiv		Medium		Passiv
	End.		End.		End.
Sgl.					
1	-σαι μι	πιστεύσαιμι	-σαι μην	πιστευσαίμην	-θειη ν
2	-σαι ς	πιστεύσαις	-σαι ο < σο	πιστεύσαιο	-θειη ς
3	-σαι	πιστεύσαι	-σαι το	πιστεύσαιτο	-θειη*
Pl.					
1	-σαι μεν	πιστεύσαιμεν	-σαι μεθα	πιστευσαίμεθα	-θειη μεν
2	-σαι τε	πιστεύσαιτε	-σαι σθε	πιστεύσαισθε	-θειη τε
3	-σαι εν, -σει αν	πιστεύσαιεν	-σαι ντο	πιστεύσαιντο	-θειη σαν

*Endung im Aorist Passiv wie Optativ von εἰμί, s. L 66

Formbildung: *P. = Personalendung

		Stamm	Bildesilbe mit →	Moduszeichen	→ ergibt:	P.*
Präsens		πιστευ	ο	ι	οι	...
Aor. I	Akt./Med.	πιστευ	σα	ι	σαι	...
	Pass.	πιστευ	θε	ιη	θειη	...
Aor. II	Akt./Med.	λαβ	ο	ι	οι wie Präs.	...
	Pass.	γραφ	ε	ιη	ειη	...

Optativ Futur und Optativ Perfekt sind im NT nicht belegt!

L 68   Zahlen I: 1-100

I. Verben

ἀγαλλιάω	jubeln	
ἐάω	lassen, zulassen; beiseite lassen	
μετρέω	ausmessen; zumessen	
πιάζω	fassen, ergreifen, gefangen nehmen	
σαλπίζω	trompeten, in die Trompete / Posaune blasen	
σπλαγχνίζομαι	sich erbarmen, Mitleid empfinden	
σπουδάζω	sich beeilen; sich bemühen	
τρέχω	laufen, vorwärts streben	*Aor.:* ἔδραμον
ψεύδομαι	lügen	

II. Substantive, Eigennamen

ὁ δεσπότης	Gebieter, Herr, Besitzer		
ὁ οἰκοδεσπότης	Hausherr	ὁ οἶκος	L 2
ὁ οἰκονόμος	Verwalter, Hausverwalter		
ὁ παντοκράτωρ, παντοκράτορος	Allherrscher, Allmächtiger	πᾶς	L 19
ὁ ψευδοπροφήτης	falscher Prophet	ὁ προφήτης	L 3
ὁ ψεύστης	Lügner		
ἡ βροντή	Donner		
ἡ πεντηκοστή	Pfingstfest	πεντηκοστός	L 68 §
ἡ σάλπιγξ, σάλπιγγος	Trompete, Posaune	σαλπίζω	
ἡ σπουδή	Eile; Eifer, Fleiß	σπουδάζω	
τὸ μέτρον	Maß	μετρέω	
τὸ ὅριον	Grenze; *Pl.:* Gebiet		
τὰ σπλάγχνα *(Pl.)*	Eingeweide; Herz, Liebe	σπλαγχνίζομαι	
τὸ ψεῦδος, ψεύδους	Lüge	ψεύδομαι	

V. Präpositionen, VI. Adverbien, Konjunktionen, Zahlwörter

ἅμα	zugleich, gleichzeitig *(Adverb)*; zugleich mit *(uneigentl. Präp. + D)*		
ἐφάπαξ	ein für alle Mal; auf einmal		
πρότερον	früher *(Adverb)*	πρό	L 24

III. / VI. Zahlen I: 1-100

	Kardinalzahl		Ordinalzahl		Zahladverb	
1	εἷς, μία, ἕν	L 19	πρῶτος, -η, -ον	L 8	ἅπαξ	einmal
2	δύο	L 19	δεύτερος, -α, -ον	L 28	δίς	zweimal
3	τρεῖς, τρία	L 19	τρίτος, -η, -ον	L 28	τρίς	dreimal
4	τέσσαρες, -α	L 19	τέταρτος...		τετράκις	
5	πέντε	L 19	πέμπτος		πεντάκις	
6	ἕξ	L 19	ἕκτος		ἑξάκις	
7	ἑπτά	L 19	ἕβδομος		ἑπτάκις	
8	ὀκτώ	L 19	ὄγδοος		ὀκτάκις	
9	ἐννέα	L 19	ἔνατος		ἐνάκις	
10	δέκα	L 19	δέκατος		δεκάκις	
11	ἕνδεκα	L 19	ἑνδέκατος			
12	δώδεκα	L 19	δωδέκατος			
13	δεκατρεῖς, -τρία		τρεισκαιδέκατος			
14	δεκατέσσαρες, -α		τεσσαρεσκαιδέκατος			
15	δεκαπέντε		πεντεκαιδέκατος			
20	εἴκοσι		εἰκοστός		εἰκοσάκις	
25	εἴκοσι πέντε		εἰκοστὸς καὶ πέμπτος			
30	τριάκοντα		τριακοστός		τριακοντάκις	
40	τεσσεράκοντα		τεσσερακοστός			
50	πεντήκοντα		πεντηκοστός			
60	ἑξήκοντα					
70	ἑβδομήκοντα				ἑβδομηκοντάκις*	
80	ὀγδοήκοντα					
90	ἐνενήκοντα					
99	ἐνενήκοντα ἐννέα					
100	ἑκατόν	L 56	ἑκατοστός			

*NT: e`bdomhkonta,kij e`pta,, 77 mal

Deklination der Zahlen 2-4 *(Zahl 1 s. L 19 §):*

	2	3		4	
	m., f., n.	m., f.	n.	m., f.	n.
N	δύο	τρεῖς	τρία	τέσσαρες	τέσσαρα (τέσσερα)
G	δύο	τριῶν		τεσσάρων	
D	δυσί(ν)	τρισί(ν)		τέσσαρσι(ν)	
A	δύο	τρεῖς	τρία	τέσσαρες	τέσσαρα (τέσσερα)

L 69   Zahlen II: 100-144.000

I. Verben

βασανίζω	foltern, quälen
ἐξουθενέω	gering schätzen, verachten
ἐπισκέπτομαι	besuchen; heimsuchen
θάπτω	begraben *Aor. Pass.:* ἐτάφην
	...καὶ ὅτι ἐτάφη καὶ ὅτι ἐγήγερται τῇ ἡμέρᾳ τῇ τρίτῃ κατὰ τὰς γραφάς... (1Kor 15,4)
πατάσσω	schlagen, stoßen; erschlagen
πενθέω	klagen, trauern; beklagen
σιγάω	schweigen, verstummen
σιωπάω	schweigen, verstummen
σφάζω	schlachten
σχίζω	*Akt.:* spalten, zerreißen; *Pass.:* sich spalten

II. Substantive, Eigennamen

ὁ ᾅδης	Hades, Unterwelt	
ὁ διωγμός	Verfolgung	διώκω L 21
ὁ δόλος	Betrug, List	
ὁ, ἡ λιμός	Hunger, Hungersnot	
ἡ ἅλυσις, ἁλύσεως	Kette, Handschellen	
ἡ γέεννα	Hölle, Gehenna (< *hebr.* גֵּיהִנֹּם [אַ], גֵּיא־הִנֹּם [בֶּן], גֵּיא־הִנֹּם [בֶּן־אַ])	
ἡ κακία	Schlechtigkeit; Bosheit	κακός L 17
▶ ἡ μυριάς, μυριάδος	Myriade = zehntausend; *Pl.* Myriaden (große Anzahl)	
ἡ νόσος	Krankheit	
ἡ πλεονεξία	Habgier, Geiz	
τὸ δάκρυον	Träne	
τὸ σχίσμα, σχίσματος	Riss, Spalte; Meinungsverschiedenheit	σχίζω

III. Adjektive

ἔνοχος, -ον*	schuldig, verfallen
ποικίλος, -η, -ον	verschiedenartig, mannigfaltig

*zweiendiges Adjektiv

III. / VI. Zahlen II: 100-144.000

	Kardinalzahl		Ordinalzahl
100	ἑκατόν	L 56	ἑκατοστός
200	διακόσιοι, -αι, -α		
300	τριακόσιοι...		
400	τετρακόσιοι		
500	πεντακόσιοι		
600	ἑξακόσιοι		
1.000	χίλιοι, -αι, -α	L 56	χιλιοστός
2.000	δισχίλιοι...		
3.000	τρισχίλιοι		
4.000	τετρακισχίλιοι		
5.000	πεντακισχίλιοι	= πέντε χιλιάδες*	
10.000	δέκα χιλιάδες	= μύριοι, -αι, -α	
12.000	δώδεκα χιλιάδες		
20.000	εἴκοσι χιλιάδες	= δισμύριοι	
50.000	πέντε μυριάδες		
144.000	ἑκατὸν τεσσεράκοντα τέσσαρες χιλιάδες	Offb	

*χιλιάς s. L 56

Beispiele L 68-69 zu den Zahlen

Καὶ ἦσαν οἱ φαγόντες τοὺς ἄρτους πεντακισχίλιοι ἄνδρες.

Und die, welche die Brote aßen, waren 5.000 Männer. (Mk 6,44)

Πολλοὶ δὲ τῶν ἀκουσάντων τὸν λόγον ἐπίστευσαν καὶ ἐγενήθη ὁ ἀριθμὸς τῶν ἀνδρῶν ὡς χιλιάδες πέντε.

Viele von denen, die das Wort gehört hatten, kamen zum Glauben, und die (An-)Zahl der Männer wurde ungefähr 5.000. (Apg 4,4)

Ὁ ἔχων νοῦν ψηφισάτω* τὸν ἀριθμὸν τοῦ θηρίου, ἀριθμὸς γὰρ ἀνθρώπου ἐστίν, καὶ ὁ ἀριθμὸς αὐτοῦ ἑξακόσιοι ἑξήκοντα ἕξ.

Wer Verstand hat, berechne die Zahl des Tieres, denn sie ist Zahl eines Menschen, und seine Zahl ist 666.
(Offb 13,18)

*ψηφίζω: berechnen

L 70 Verb: Übersicht zur Formbildung

I. Verben

γέμω	voll sein		
ἐμφανίζω	sichtbar machen, offenbaren; mitteilen	φανερός	L 42
κολλάω	zusammenfügen; sich eng anschließen an		
κομίζω	*Akt.:* herbeibringen; *Med.:* erhalten, erlangen		
μέλει	es liegt jem. (*D*) an (+ *G* / περί + *G*)		
ὀνομάζω	nennen, benennen; erwähnen	τὸ ὄνομα	L 15
πυνθάνομαι	erfragen, sich erkundigen		
τυγχάνω	(an-)treffen, erlangen, erreichen		
	τυχόν vielleicht, womöglich		
ὑγιαίνω	gesund sein		
φείδομαι	schonen		
φωτίζω	leuchten; erleuchten, sichtbar machen	τὸ φῶς	L 15

II. Substantive, Eigennamen

ὁ βίος	Leben; Lebensunterhalt	(ἡ ζωή	L 7)
ὁ ἔπαινος	Lob, Beifall, Anerkennung		
ὁ ἑταῖρος	Gefährte, Freund	(ὁ φίλος	L 42)
ὁ χιτών, χιτῶνος	Untergewand, Kleid		

ἡ καύχησις, καυχήσεως	Rühmen	καυχάομαι	L 31
ἡ λίμνη	See		
ἡ πλατεῖα	breiter Weg, Straße		
ἡ πηγή	Quelle		
ἡ πραΰτης, πραΰτητος	Sanftmut, Freundlichkeit, Milde		
ἡ χρηστότης, χρηστότητος	Güte, Milde, Freundlichkeit		

τὸ καύχημα, καυχήματος	Gegenstand des Rühmens	ἡ καύχησις
τὸ πρᾶγμα, πράγματος	Ereignis; Vorhaben; Angelegenheit	
τὸ ὑπόδημα, ὑποδήματος	Sandale	

III. Adjektive

ὑγιής, -ές*	gesund	ὑγιαίνω

*zweiendiges Adjektiv

I. Verb: Übersicht zur Formbildung

→ Alle Formen, die nicht in der ersten Spalte als Konjunktiv oder Optativ bezeichnet werden, sind **Indikativ**formen!

		Augment	Tempus-/Aspektstamm Redupli-kation	Tempus-/Aspektstamm Verbal-stamm	Aus-gang* Bilde-silbe	
Präsens	*Akt./Med./Pass.*			πιστευ	ε, ο	L 6, 10
Konjunktiv	*Akt./Med./Pass.*			πιστευ	η, ω	L 41
Optativ	*Akt./Med./Pass.*			πιστευ	οι	L 67
Imperfekt	*Akt./Med./Pass.*	ἐ		πιστευ	ε, ο	L 33
Futur	*Akt./Med.*			πιστευ	σε, σο	L 20
	Pass.			πιστευ	θησε, θησο	L 20
kontrahiert	*Akt.*			ἀρ	[*εσ]	L 53
Aorist I	*Akt./Med.*	ἐ		πιστευ	σα	L 25
	Pass.	ἐ		πιστευ	θη, θε	L 25
Konjunktiv	*Akt./Med.*			πιστευ	ση, σω	L 43
Konjunktiv	*Pass.*			πιστευ	θη, θω	L 43
Optativ	*Akt./Med.*			πιστευ	σαι	L 67
Optativ	*Pass.*			πιστευ	θειη	L 67
Aorist II	*Akt./Med.*	ἐ		λαβ	ο, ε	L 37
	Pass.	ἐ		γραφ	η, ε	L 37
Konjunktiv	*Akt./Med.*			λαβ	η, ω	L 43
Konjunktiv	*Pass.*			γραφ	η, ω	L 43
Optativ	*Akt./Med.*			λαβ	οι	L 67
Optativ	*Pass.*			γραφ	ειη	L 67
Perfekt I	*Akt.*		πε	πιστευ	κα	L 44
	Med./Pass.		πε	πιστευ	---	L 44
Konjunktiv	*Akt.*		Ptz. Akt. + Konjunktiv εἰμί			L 45
Konjunktiv	*Med./Pass.*		Ptz. Med./Pass. + Konj. εἰμί			L 45
Perfekt II	*Akt.*		γε	γραφ	α	L 47
Plqperf. I	*Akt.*	(ἐ)**	πε	πιστευ	κει	L 48
	Med./Pass.	(ἐ)	πε	πιστευ	---	L 48
Plqperf. II	*Akt.*	(ἐ)	ἐ	στροφ	ει	L 48

*Verbausgänge ohne Personalendungen
**zum Augment im Plusquamperfekt s. L 48

Alphabetisches Register

Ἀβραάμ	L 4	ἀκολουθέω	L 11	ἀνάστασις	L 33
ἀγαθός	L 5	ἀκούω	L 6	ἀναστρέφω	L 27
ἀγαλλιάω	L 68	ἀκροβυστία	L 49	ἀναστροφή	L 27
ἀγαπάω	L 12	ἀλέκτωρ	L 54	ἀνατολή	L 49
ἀγάπη	L 3	ἀλήθεια	L 3	ἀναφέρω	L 63
ἀγαπητός	L 5	ἀληθής	L 23	ἀναχωρέω	L 38
ἀγγέλλω	L 30	ἀληθινός	L 23	Ἀνδρέας	L 44
ἄγγελος	L 2	ἀληθῶς	L 32	ἄνεμος	L 31
ἁγιάζω	L 35	ἁλιεύς	L 67	ἀνέχομαι	L 46
ἁγιασμός	L 35	ἀλλά, ἀλλ'	L 3	ἀνήρ	L 16
ἅγιος	L 5	ἀλλάσσω	L 28 §	ἀνθίστημι	L 59
ἀγνοέω	L 27	ἀλλήλων	L 28	ἄνθρωπος	L 2
ἀγορά	L 31	ἄλλος	L 12	ἀνίστημι	L 17
ἀγοράζω	L 31	ἀλλότριος	L 28	ἀνοίγω	L 13
Ἀγρίππας	L 49	ἄλλως	L 32 §	ἀνομία	L 61
ἀγρός	L 36	ἄλυσις	L 69	ἄνομος	L 61
ἄγω	L 17	ἅμα	L 68	ἀνταποδίδωμι	L 57
ἀδελφή	L 5	ἁμαρτάνω	L 8	ἀντί	L 45
ἀδελφός	L 5	ἁμαρτία	L 8	ἀντιλέγω	L 45
ᾅδης	L 69	ἁμαρτωλός	L 8	Ἀντιόχεια	L 54
ἀδικέω	L 35	ἀμήν	L 5	ἄνωθεν	L 32
ἀδικία	L 35	ἀμπελών	L 47	ἄξιος	L 34
ἄδικος	L 35	ἀμφότεροι	L 63	ἀπαγγέλλω	L 30
ἀδύνατος	L 23	ἄν	L 33	ἀπάγω	L 52
ἀθετέω	L 49	ἀνά	L 47	ἅπαξ	L 68 §
Αἴγυπτος	L 4	ἀναβαίνω	L 14	ἀπαρνέομαι	L 37
αἷμα	L 15	ἀναβλέπω	L 47	ἅπας	L 19
αἵρεσις	L 49	ἀναγγέλλω	L 30	ἀπειθέω	L 63
αἴρω	L 8	ἀναγινώσκω	L 27	ἄπειμι	L 53
αἰσχύνη	L 66	ἀνάγκη	L 56	ἀπεκρίθη	L 10
αἰτέω	L 20	ἀνάγω	L 52	ἀπέρχομαι	L 10
αἰτία	L 49	ἀναιρέω	L 49	ἀπέχω	L 46
αἰών	L 16	ἀνάκειμαι	L 65	ἀπιστία	L 35
αἰώνιος	L 17	ἀνακρίνω	L 46	ἄπιστος	L 35
ἀκαθαρσία	L 35	ἀναλαμβάνω	L 52	ἀπό, ἀπ', ἀφ'	L 3
ἀκάθαρτος	L 35	Ἀνανίας	L 49	ἀποδίδωμι	L 33
ἄκανθα	L 61	ἀναπαύω	L 62	ἀποθνῄσκω	L 7
ἀκοή	L 45	ἀναπίπτω	L 51	ἀποκαλύπτω	L 44

ἀποκάλυψις	L 44	αὐξάνω	L 49	γάμος	L 40
ἀποκρίνομαι	L 10	αὔριον	L 36	γάρ	L 3
ἀποκτείνω	L 31	αὐτός	L 7	γέ	L 45
ἀπολαμβάνω	L 52	ἀφαιρέω	L 49	γέγραπται	L 6
ἀπόλλυμι	L 18	ἄφεσις	L 51	γέεννα	L 69
ἀπολλύω	L 64	ἀφίημι	L 17	γέμω	L 70
Ἀπολλῶς	L 61	ἀφίστημι	L 59	γενεά	L 29
ἀπολογέομαι	L 55	ἀφορίζω	L 51	γένεσις	L 48
ἀπολογία	L 55	ἄφρων	L 43	γεννάω	L 12
ἀπολύτρωσις	L 65	Ἀχαΐα	L 52	γένος	L 48
ἀπολύω	L 20	ἄχρι	L 37	γεύομαι	L 59
ἀποστέλλω	L 6	Βαβυλών	L 55	γεωργός	L 38
ἀπόστολος	L 5	βαίνω	L 14	γῆ	L 3
ἀποτίθημι	L 56	βάλλω	L 6	γίνομαι	L 10
ἅπτω	L 31	βαπτίζω	L 10	γινώσκω	L 6
ἀπώλεια	L 18	βάπτισμα	L 53	γλῶσσα	L 27
ἄρα	L 31	βαπτιστής	L 10	γνωρίζω	L 42
ἀργύριον	L 47	Βαραββᾶς	L 60	γνῶσις	L 23
ἀρέσκω	L 51	Βαρναβᾶς	L 38	γνωστός	L 42
ἀριθμός	L 50	βασανίζω	L 69	γονεῖς	L 48
ἀρνέομαι	L 37	βασιλεία	L 5	γόνυ	L 67
ἀρνίον	L 38	βασιλεύς	L 24	γράμμα	L 64
ἁρπάζω	L 38	βασιλεύω	L 49	γραμματεύς	L 24
ἄρτι	L 40	βαστάζω	L 40	γραφή	L 5
ἄρτος	L 9	βελτίων	L 36 §	γράφω	L 6
ἀρχαῖος	L 55	Βηθανία	L 61	γρηγορέω	L 47
ἀρχή	L 3	βῆμα	L 65	γυμνός	L 60
ἀρχιερεύς	L 24	βιβλίον	L 29	γυνή	L 15
ἄρχω	L 16	βίβλος	L 29	δαιμονίζομαι	L 66
ἄρχων	L 16	βίος	L 70	δαιμόνιον	L 13
ἀσέλγεια	L 65	βλασφημέω	L 25	δάκρυον	L 69
ἀσθένεια	L 35	βλασφημία	L 25	Δαμασκός	L 4
ἀσθενέω	L 35	βλέπω	L 6	Δαυίδ	L 4
ἀσθενής	L 35	βοάω	L 66	δέ	L 3
Ἀσία	L 52	βουλή	L 30	δέησις	L 47
ἀσκός	L 67	βούλομαι	L 30	δεῖ	L 13
ἀσπάζομαι	L 21	βροντή	L 68	δείκνυμι	L 43
ἀσπασμός	L 21	βρῶμα	L 56	δεικνύω	L 64
ἀστήρ	L 49	βρῶσις	L 56	δεῖπνον	L 53
ἄστρον	L 49	Γαλιλαία	L 4	δέκα	L 19
ἀτενίζω	L 64	Γαλιλαῖος	L 54	δεκάκις	L 68 §
αὐλή	L 63	γαμέω	L 40	δεκαπέντε	L 68 §

Alphabetisches Register

δεκατέσσαρες	L 68 §	δίκαιος	L 9	ἐγένετο	L 10
δεκατέσσαρα	L 68 §	δικαιοσύνη	L 9	ἐγκαταλείπω	L 47
δέκατος	L 68 §	δικαιόω	L 13	ἐγώ	L 7
δεκατρεῖς	L 68 §	δικαίωμα	L 30	ἔδραμον	L 68
δεκατρία	L 68 §	δικαίως	L 32	ἔθνος	L 23
δένδρον	L 38	δίκτυον	L 67	ἔθος	L 23
δεξιός	L 9	διό	L 42	εἰ	L 18
δέομαι	L 47	διότι	L 42	εἶδεν	L 12
δέρω	L 61	δίς	L 68 §	εἶδον	L 12
δέσμιος	L 55	δισμύριοι	L 69 §	εἴδωλον	L 50
δεσμός	L 55	δισχίλιοι	L 69 §	εἰκοσάκις	L 68 §
δεσπότης	L 68	διψάω	L 45	εἴκοσι	L 68 §
δεῦρο	L 42	διωγμός	L 69	εἰκοστός	L 68 §
δεῦτε	L 42	διώκω	L 21	εἴκω	L 26 §
δεύτερος	L 28	δοκεῖ	L 20	εἰκών	L 50
δέχομαι	L 21	δοκέω	L 20	εἰμί	L 7
δέω	L 34	δοκιμάζω	L 47	εἶμι	L 65
δηλόω	L 13	δόλος	L 69	εἶπεν	L 6
δηνάριον	L 56	δόξα	L 3	εἶπον	L 6
διά, δι'	L 6	δοξάζω	L 21	εἰρήνη	L 9
διάβολος	L 34	δουλεύω	L 6	εἰς	L 2
διαθήκη	L 33	δοῦλος	L 2	εἷς	L 19
διακονέω	L 32	δράκων	L 54	εἰσάγω	L 52
διακονία	L 32	δύναμαι	L 10	εἴσειμι	L 65
διάκονος	L 32	δύναμις	L 23	εἰσέρχομαι	L 10
διακόσιοι	L 69 §	δυνατός	L 23	εἰσπορεύομαι	L 31
διακρίνω	L 46	δυνατῶς	L 32 §	εἰστήκειν	L 44
διαλέγομαι	L 55	δύο	L 19	εἶτα	L 43
διάλεκτος	L 55	δώδεκα	L 19	εἴτε	L 28
διαλογίζομαι	L 29	δωδέκατος	L 68 §	εἶχεν	L 6
διαλογισμός	L 29	δωρεά	L 57	εἶχον	L 6
διαμαρτύρομαι	L 58	δωρεάν	L 57	ἐκ, ἐξ	L 2
διαμερίζω	L 63	δῶρον	L 2	ἕκαστος	L 12
διάνοια	L 48	ἐάν	L 18	ἑκατόν	L 56
διατάσσω	L 34	ἑαυτοῦ	L 27	ἑκατοστός	L 68 §
διαφέρω	L 63	ἐάω	L 68	ἑκατοντάρχης	L 56
διδασκαλία	L 38	ἑβδομήκοντα	L 68 §	ἐκβάλλω	L 6
διδάσκαλος	L 7	ἑβδομηκοντάκις	L 68 §	ἐκεῖ	L 12
διδάσκω	L 7	ἕβδομος	L 68 §	ἐκεῖθεν	L 32
διδαχή	L 38	ἐγγίζω	L 25	ἐκεῖνος	L 9
δίδωμι	L 17	ἐγγύς	L 24	ἐκκλησία	L 7
διέρχομαι	L 10	ἐγείρω	L 6	ἐκκόπτω	L 51

ἐκλέγομαι	L 50	ἐνιαυτός	L 64	ἐπιδίδωμι	L 57
ἐκλεκτός	L 50	ἐννέα	L 19	ἐπιζητέω	L 66
ἐκλογή	L 55	ἔνοχος	L 69	ἐπιθυμέω	L 27
ἐκπίπτω	L 51	ἐντέλλομαι	L 20	ἐπιθυμία	L 27
ἐκπλήσσομαι	L 51	ἐντεῦθεν	L 32	ἐπικαλέω	L 38
ἐκπορεύομαι	L 31	ἐντολή	L 20	ἐπιλαμβάνομαι	L 52
ἐκτείνω	L 52	ἐνώπιον	L 17	ἐπιμένω	L 52
ἐκφεύγω	L 47 §	ἕξ	L 19	ἐπιπίπτω	L 51
ἕκτος	L 68 §	ἐξάγω	L 52	ἐπισκέπτομαι	L 69
ἐκχέω	L 44	ἑξάκις	L 68 §	ἐπίσταμαι	L 59
ἐλαία	L 53	ἑξακόσιοι	L 69 §	ἐπιστάτης	L 59
ἔλαιον	L 53	ἐξαποστέλλω	L 46	ἐπιστολή	L 46
ἐλάσσων	L 36	ἔξειμι	L 65	ἐπιστρέφω	L 27
ἐλάχιστος	L 36	ἐξέρχομαι	L 10	ἐπιτάσσω	L 34
ἐλέγχω	L 45	ἔξεστι(ν)	L 33	ἐπιτελέω	L 41
ἐλεέω	L 41	ἑξήκοντα	L 68 §	ἐπιτίθημι	L 33
ἐλεημοσύνη	L 41	ἐξιστάνω	L 59	ἐπιτιμάω	L 33
ἔλεος	L 41	ἐξίστημι	L 59	ἐπιτρέπω	L 51
ἐλευθερία	L 35	ἐξομολογέομαι	L 44	ἐπουράνιος	L 41
ἐλεύθερος	L 35	ἐξόν	L 33	ἑπτά	L 19
Ἕλλην	L 16	ἐξουθενέω	L 69	ἑπτάκις	L 68 §
ἐλπίζω	L 33	ἐξουσία	L 8	ἐργάζομαι	L 25
ἐλπίς	L 33	ἔξω	L 32	ἐργάτης	L 25
ἐμαυτοῦ	L 27	ἔξωθεν	L 32	ἔργον	L 2
ἐμβαίνω	L 14	ἑορτή	L 41	ἔρημος	L 21
ἐμβλέπω	L 47	ἐπαγγελία	L 30	ἔρχομαι	L 10
ἐμός	L 22	ἐπαγγέλλομαι	L 30	ἐρωτάω	L 20
ἐμπαίζω	L 66	ἔπαινος	L 70	ἐσθίω	L 20
ἔμπροσθεν	L 24	ἐπαίρω	L 49	ἕστηκα	L 44
ἐμφανίζω	L 70	ἐπαισχύνομαι	L 66	ἔσχατος	L 9
ἐν	L 2	ἐπάνω	L 55	ἔσω	L 32
ἕν	L 19	ἐπαύριον	L 36	ἔσωθεν	L 32
ἐνάκις	L 68 §	ἐπεί	L 43	ἑταῖρος	L 70
ἔνατος	L 68 §	ἐπειδή	L 43	ἕτερος	L 12
ἐνδείκνυμι	L 64	ἔπειμι	L 65	ἑτέρως	L 32 §
ἕνδεκα	L 19	ἔπειτα	L 43	ἔτι	L 18
ἑνδέκατος	L 68 §	ἐπερωτάω	L 20	ἑτοιμάζω	L 21
ἐνδύω	L 31	ἐπί, ἐπ', ἐφ'	L 8	ἕτοιμος	L 28
ἕνεκα	L 43	ἐπιβάλλω	L 50	ἔτος	L 23
ἕνεκεν	L 43	ἐπιγιγνώσκω	L 27	εὖ	L 32
ἐνενήκοντα	L 68 §	ἐπιγινώσκω	L 27	εὐαγγελίζω	L 20
ἐνεργέω	L 44	ἐπίγνωσις	L 48	εὐαγγέλιον	L 5

εὐδοκέω	L 47	Ἠλίας	L 30	ἴδε	L 50
εὐδοκία	L 47	ἥλιος	L 29	ἴδιος	L 12
εὐθέως	L 24	ἡμεῖς	L 7	ἰδού	L 5
εὐθύς	L 24	ἡμέρα	L 3	ἱερεύς	L 24
εὐλογέω	L 25	ἡμέτερος	L 22	ἱερόν	L 5
εὐλογητός	L 55	ἦν	L 7	Ἱεροσόλυμα	L 4
εὐλογία	L 25	Ἡρῴδης	L 24	Ἰερουσαλήμ	L 4
εὕρηκα	L 6	Ἠσαΐας	L 44	Ἰησοῦς	L 4
εὑρίσκω	L 6	ἥσσων	L 36 §	ἱκανός	L 34
εὐσέβεια	L 60	ἡσυχάζω	L 26 §	ἱμάτιον	L 19
εὐφραίνω	L 43	θάλασσα	L 5	ἵνα	L 28
εὐχαριστέω	L 27	θάνατος	L 7	Ἰόππη	L 49
εὐχαριστία	L 27	θανατόω	L 13	Ἰορδάνης	L 44
ἐφάπαξ	L 68	θάπτω	L 69	Ἰουδαία	L 20
Ἔφεσος	L 4	θαυμάζω	L 29	Ἰουδαῖος	L 11
ἔφη	L 28	θεάομαι	L 49	Ἰούδας	L 4
ἐφίστημι	L 59	θέλημα	L 15	ἵππος	L 54
ἐχθρός	L 29	θέλω	L 6	Ἰσαάκ	L 42
ἔχω	L 6	θεμέλιος	L 61	Ἰσκαριώθ	L 11
ἕως	L 17	θεός	L 2	Ἰσκαριώτης	L 11
Ζαχαρίας	L 44	θεραπεύω	L 31	Ἰσραήλ	L 4
ζάω	L 12	θερίζω	L 47	Ἰσραηλίτης	L 11
Ζεβεδαῖος	L 29	θερισμός	L 47	ἵσταμαι	L 17
ζῆλος	L 59	θεωρέω	L 20	ἱστάνω	L 59
ζηλόω	L 59	θηρίον	L 13	ἵστημι	L 17
ζηλωτής	L 59	θησαυρός	L 54	ἰσχυρός	L 23
ζητέω	L 11	θλίβω	L 33	ἰσχύς	L 24
ζύμη	L 63	θλῖψις	L 33	ἰσχύω	L 25
ζωή	L 7	θόρυβος	L 41	ἰχθύς	L 24
ζώνη	L 64	θρίξ	L 61	Ἰωάννης	L 4
ζώννυμι	L 64	θρόνος	L 17	Ἰωσήφ	L 4
ζωννύω	L 64	θυγάτηρ	L 16	κἀγώ	L 21
ζῷον	L 50	θυμός	L 64	καθάπερ	L 65
ζωοποιέω	L 50	θύρα	L 31	καθαρίζω	L 35
ἤ	L 1	θυσία	L 40	καθαρός	L 35
ἤ	L 5	θυσιαστήριον	L 40	καθεύδω	L 50
ἡγεμών	L 41	θύω	L 40	κάθημαι	L 18
ἡγέομαι	L 41	Θωμᾶς	L 44	καθίζω	L 34
ἤδη	L 24	Ἰακώβ	L 21	καθιστάνω	L 59
ἥκω	L 42	Ἰάκωβος	L 21	καθίστημι	L 59
ἦλθεν	L 10	ἰάομαι	L 42	καθώς	L 9
ἦλθον	L 10	ἰατρός	L 42	καί	L 2

καί + ἐάν	L 43	καταστροφή	L 27	Κόρινθος	L 30
καί + ἐγώ	L 21	κατεργάζομαι	L 51	κοσμέω	L 51
καί + ἐκεῖ	L 32	κατέρχομαι	L 45	κόσμος	L 7
καί + ἐκεῖθεν	L 32	κατεσθίω	L 63	κράβαττος	L 61
καί + ἐκεῖνος	L 43	κατέσθω	L 63	κράζω	L 31
καινός	L 28	κατέχω	L 46	κρατέω	L 30
καιρός	L 9	κατηγορέω	L 49	κράτιστος	L 36
Καῖσαρ	L 42	κατοικέω	L 27	κράτος	L 30
Καισάρεια	L 42	καυχάομαι	L 31	κρεῖσσον	L 36
καίω	L 67	καύχημα	L 70	κρείσσων	L 36
κἀκεῖ	L 32	καύχησις	L 70	κρείττων	L 36
κἀκεῖθεν	L 32	Καφαρναούμ	L 30	κρεμάννυμι	L 56 §
κἀκεῖνος	L 43	κεῖμαι	L 65	κρίμα	L 46
κακία	L 69	κελεύω	L 49	κρίνω	L 7
κακός	L 17	κενός	L 53	κρίσις	L 23
κακῶς	L 32	κέρας	L 56	κριτής	L 29
κάλαμος	L 66	κερδαίνω	L 52	κρυπτός	L 44
καλέω	L 11	κεφαλή	L 20	κρύπτω	L 44
καλός	L 8	κηρύσσω	L 20	κτίζω	L 58
καλῶς	L 32	κλάδος	L 66	κτίσις	L 58
κάμηλος	L 54	κλαίω	L 34	κύριος	L 2
κἄν	L 43	κλάω	L 66	κωλύω	L 49
καπνός	L 67	κλείω	L 62	κώμη	L 38
καρδία	L 5	κλέπτης	L 3	κωφός	L 28
καρπός	L 18	κλέπτω	L 6	Λάζαρος	L 60
κατά, κατ', καθ'	L 8	κληρονομέω	L 59	λαῖλαψ	L 15
καταβαίνω	L 14	κληρονομία	L 59	λαλέω	L 11
καταβολή	L 66	κληρονόμος	L 59	λαμβάνω	L 6
καταγγέλλω	L 30	κλῆρος	L 59	λαός	L 8
καταισχύνω	L 66	κλῆσις	L 67	λατρεύω	L 50
κατακαίω	L 67	κλητός	L 67	λέγω	L 6
κατάκειμαι	L 65	κοιλία	L 49	λείπω	L 47
κατακρίνω	L 46	κοιμάομαι	L 62	λευκός	L 49
καταλαμβάνω	L 52	κοινός	L 30	λέων	L 54
καταλείπω	L 47	κοινόω	L 30	λῃστής	L 58
καταλλάσσω	L 28 §	κοινωνέω	L 30	λίαν	L 67
καταλύω	L 20	κοινωνία	L 30	λίθος	L 18
κατανοέω	L 48	κοινωνός	L 30	λίμνη	L 70
καταντάω	L 67	κολλάω	L 70	λιμός	L 69
καταργέω	L 44	κομίζω	L 70	λογίζομαι	L 29
καταρτίζω	L 66	κοπιάω	L 49	λόγος	L 2
κατασκευάζω	L 25	κόπος	L 49	λοιπός	L 21

Λουκᾶς	L 4	μετανοέω	L 25	νήπιος	L 43
λυπέω	L 44	μετάνοια	L 25	νηστεύω	L 40
λύπη	L 44	μετρέω	L 68	νικάω	L 44
λυχνία	L 64	μέτρον	L 68	νίκη	L 44
λύχνος	L 64	μέχρι(ς)	L 37	νίπτω	L 58
λύω	L 20	μή	L 2	νοέω	L 48
Μαγδαληνή	L 31	μηδέ	L 9	νομίζω	L 60
μαθητής	L 3	μηδείς	L 19	νόμος	L 8
μακάριος	L 28	μηκέτι	L 18	νόσος	L 69
Μακεδονία	L 47	μήν	L 50	νοῦς	L 48
μακράν	L 24	μήποτε	L 41	νυκτός	L 15
μακρόθεν	L 32	μήτε	L 12	νυμφίος	L 60
μακροθυμέω	L 64	μήτηρ	L 16	νύμφη	L 60
μακροθυμία	L 64	μήτι	L 18	νῦν	L 5
μάλιστα	L 36	μία	L 19	νυνί	L 45
μᾶλλον	L 21	μικρός	L 17	νύξ	L 15
μανθάνω	L 38	μιμνῄσκομαι	L 47	ξενίζω	L 64
Μάρθα	L 45	μισέω	L 29	ξένος	L 64
Μαρία	L 31	μισθός	L 40	ξηραίνω	L 52
Μαριάμ	L 31	μισθωτός	L 40	ξύλον	L 50
μαρτυρέω	L 11	μνημεῖον	L 47	ὁ, ἡ, τό	L 1
μαρτυρία	L 11	μνημονεύω	L 47	ὀγδοήκοντα	L 68 §
μαρτύριον	L 11	μοιχεύω	L 61	ὄγδοος	L 68 §
μάρτυς	L 16	μονογενής	L 48	ὅδε	L 8
μάχαιρα	L 41	μόνος	L 8	ὁδός	L 2
μεγάλως	L 32 §	μυριάς	L 69	ὀδούς	L 67
μέγας	L 17	μύριοι	L 69 §	ὅθεν	L 32
μέγιστος	L 36	μύρον	L 65	οἶδα	L 18
μείζων	L 36	μυστήριον	L 38	οἰκία	L 3
μέλει	L 70	μωρός	L 43	οἰκοδεσπότης	L 68
μέλλον	L 25	Μωϋσῆς	L 24	οἰκοδομέω	L 27
μέλλω	L 25	Ναζαρά	L 63	οἰκοδομή	L 27
μέλος	L 37	Ναζαρέθ	L 63	οἰκονόμος	L 68
μέν	L 10	Ναζαρέτ	L 63	οἶκος	L 2
μένω	L 6	Ναζαρηνός	L 63	οἰκουμένη	L 61
μερίζω	L 63	Ναζωραῖος	L 63	οἶνος	L 36
μεριμνάω	L 37	ναί	L 40	οἷος	L 22
μέρος	L 34	ναός	L 21	ὀκτάκις	L 68 §
μέσον	L 21	νεανίσκος	L 65	ὀκτώ	L 19
μέσος	L 21	νεκρός	L 9	ὀλίγον	L 34
μετά, μετ᾽, μεθ᾽	L 3	νέος	L 35	ὀλίγος	L 34
μεταβαίνω	L 14	νεφέλη	L 31	ὅλος	L 19

ὄμνυμι	L 50	οὕτω(ς)	L 9	παρρησία	L 37
ὀμνύω	L 50	οὐχί	L 18	πᾶς	L 19
ὁμοθυμαδόν	L 64	ὀφειλέτης	L 25	πάσχα	L 34
ὅμοιος	L 32	ὀφείλω	L 25	πάσχω	L 25
ὁμοιόω	L 32	ὀφθαλμός	L 9	πατάσσω	L 69
ὁμοίως	L 32	ὄφις	L 54	πατήρ	L 16
ὁμολογέω	L 44	ὄχλος	L 9	Παῦλος	L 4
ὁμολογία	L 55	ὀψία	L 62	παύομαι	L 62
ὄνομα	L 15	ὄψιος	L 62	πείθω	L 29
ὀνομάζω	L 70	πάθημα	L 34	πεινάω	L 45
ὄντως	L 53	παιδεύω	L 53	πειράζω	L 33
ὀπίσω	L 40	παιδίον	L 19	πειρασμός	L 33
ὅπου	L 22	παιδίσκη	L 53	πέμπτος	L 68 §
ὅπως	L 28	παῖς	L 53	πέμπω	L 8
ὅραμα	L 47	παλαιός	L 55	πενθέω	L 69
ὁράω	L 12	πάλιν	L 13	πεντάκις	L 68 §
ὀργή	L 37	παντοκράτωρ	L 68	πεντακισχίλιοι	L 69 §
ὅριον	L 68	πάντοτε	L 19	πεντακόσιοι	L 69 §
ὅρκος	L 61	πανταχοῦ	L 19	πέντε	L 19
ὄρος	L 34	παρά, παρ'	L 12	πεντεκαιδέκατος	L 68 §
ὅς	L 22	παραβολή	L 29	πεντήκοντα	L 68 §
ὅσος	L 22	παραγγέλλω	L 30	πεντηκοστή	L 68
ὅστις	L 22	παραγίνομαι	L 34	πεντηκοστός	L 68 §
ὅταν	L 22	παράγω	L 52	πέπεισμαι	L 44
ὅτε	L 22	παραδίδωμι	L 17	πέποιθα	L 44
ὅτι	L 13	παράδοσις	L 57	πέραν	L 45
οὐ, οὐκ, οὐχ	L 2	παραιτέομαι	L 67	περί	L 12
οὔ	L 40	παρακαλέω	L 11	περιβάλλω	L 50
οὗ	L 22	παράκλησις	L 23	περιπατέω	L 11
οὐαί	L 37	παραλαμβάνω	L 29	περισσεύω	L 36
οὐδέ	L 9	παραλυτικός	L 28	περισσός	L 36
οὐδείς	L 19	παράπτωμα	L 51	περισσοτέρως	L 36
οὐδέποτε	L 43	παρατίθημι	L 56	περιστερά	L 54
οὐκέτι	L 18	παραχρῆμα	L 58	περιτέμνω	L 37
οὖν	L 13	πάρειμι	L 53	περιτομή	L 37
οὔπω	L 43	παρεμβολή	L 66	πετεινόν	L 54
οὐράνιος	L 41	παρέρχομαι	L 45	πέτρα	L 7
οὐρανός	L 5	παρέχω	L 46	Πέτρος	L 4
οὖς	L 15	παρθένος	L 60	πηγή	L 70
οὐτάζω	L 26 §	παριστάνω	L 59	πιάζω	L 68
οὔτε	L 12	παρίστημι	L 33	Πιλᾶτος	L 24
οὗτος	L 8	παρουσία	L 53	πίμπλημι	L 50

πίνω	L 20	ποταμός	L 54	πῦρ	L 16
πίπτω	L 8	πότε	L 22	πωλέω	L 31
πιστεύω	L 6	ποτέ	L 22	πῶλος	L 54
πίστις	L 23	ποτήριον	L 37	πώς	L 62
πιστός	L 23	ποτίζω	L 37	πῶς	L 9
πλανάω	L 31	ποῦ	L 22	ῥαββί	L 60
πλάνη	L 31	πούς	L 15	ῥάβδος	L 65
πλατεῖα	L 70	πρᾶγμα	L 70	ῥῆμα	L 15
πλεῖστος	L 36	πράσσω	L 34	ῥίζα	L 58
πλείων	L 36	πραΰτης	L 70	ῥύομαι	L 58
πλεονεξία	L 69	πρεσβύτερος	L 18	Ῥωμαῖος	L 54
πληγή	L 51	πρίν	L 65	Ῥώμη	L 54
πλῆθος	L 23	πρό	L 24	σάββατον	L 21
πληθύνω	L 62	προάγω	L 52	Σαδδουκαῖος	L 11
πλήν	L 37	πρόβατον	L 5	σαλεύω	L 62
πλήρης	L 62	πρόθεσις	L 56	σάλπιγξ	L 68
πληρόω	L 13	προλέγω	L 55	σαλπίζω	L 68
πλήρωμα	L 62	πρός	L 3	Σαμάρεια	L 20
πλησίον	L 57	προσδέχομαι	L 63	σάρξ	L 15
πλοῖον	L 11	προσδοκάω	L 58	σατανᾶς	L 34
πλούσιος	L 35	προσέρχομαι	L 10	Σαῦλος	L 38
πλουτέω	L 35	προσευχή	L 11	σεαυτοῦ	L 27
πλοῦτος	L 35	προσεύχομαι	L 10	σέβομαι	L 60
πνεῦμα	L 15	προσέχω	L 46	σεβόμενοι	L 60
πνευματικός	L 42	προσήλυτος	L 60	σεισμός	L 64
πόθεν	L 32	προσκαλέομαι	L 38	σελήνη	L 29
ποιέω	L 11	προσκαρτερέω	L 52	σημεῖον	L 11
ποικίλος	L 69	προσκυνέω	L 11	σήμερον	L 36
ποιμαίνω	L 63	προσλαμβάνομαι	L 52	σήπω	L 47 §
ποιμήν	L 63	προστίθημι	L 56	σιγάω	L 69
ποίμνη	L 63	προσφέρω	L 13	Σιλᾶς	L 61
ποῖος	L 22	πρόσωπον	L 11	Σίμων	L 16
πόλεμος	L 56	πρότερον	L 68	σῖτος	L 63
πόλις	L 23	προφητεία	L 3	σιωπάω	L 69
πολλάκις	L 56	προφητεύω	L 6	σκανδαλίζω	L 41
πολύς	L 17	προφήτης	L 3	σκάνδαλον	L 41
πονηρός	L 9	πρωΐ	L 62	σκεῦος	L 49
πορεύομαι	L 10	πρῶτος	L 8	σκηνή	L 51
πορνεία	L 51	πτωχός	L 28	σκοτία	L 21
πόρνη	L 51	πύλη	L 58	σκότος	L 23
πόρνος	L 51	πυλών	L 58	Σολομών	L 49
πόσος	L 22	πυνθάνομαι	L 70	σός	L 22

σοφία	L 20	συνιστάνω	L 59	τίμιος	L 34
σοφός	L 43	συνίστημι	L 59	Τιμόθεος	L 38
σπείρω	L 30	σφάζω	L 69	τίς, τί	L 18
σπέρμα	L 30	σφόδρα	L 67	τις, τι	L 18
σπλάγχνα	L 68	σφραγίζω	L 63	Τίτος	L 38
σπλαγχνίζομαι	L 68	σφραγίς	L 63	τό	L 1
σπουδάζω	L 68	σχίζω	L 69	τοιοῦτος	L 22
σπουδή	L 68	σχίσμα	L 69	τολμάω	L 58
στάσις	L 59	σῴζω	L 7	τόπος	L 11
σταυρός	L 13	σῶμα	L 15	τοσοῦτος	L 22
σταυρόω	L 13	σωτήρ	L 16	τότε	L 22
στέλλω	L 46	σωτηρία	L 5	τράπεζα	L 63
στέφανος	L 45	τάλαντον	L 56	τρεῖς	L 19
Στέφανος	L 45	ταπεινόω	L 66	τρεισκαιδέκατος	L 68 §
στήκω	L 45	ταράσσω	L 62	τρέφω	L 58
στηρίζω	L 66	ταχέως	L 32	τρέχω	L 68
στόμα	L 15	ταχύ	L 32	τρία	L 19
στρατηγός	L 42	ταχύς	L 32	τριάκοντα	L 68 §
στρατιώτης	L 42	τέ	L 17	τριακοντάκις	L 68 §
στρέφω	L 27	τέκνον	L 11	τριακόσιοι	L 69 §
σύ	L 7	τέλειος	L 41	τριακοστός	L 68 §
συγγενεῖς	L 48	τελειόω	L 41	τρίς	L 68 §
συγγενής	L 48	τελευτάω	L 41	τρισχίλιοι	L 69 §
συζητέω	L 66	τελέω	L 41	τρίτος	L 28
συκῆ	L 58	τέλος	L 23	τριχός	L 61
συλλαμβάνω	L 52	τελώνης	L 50	τρόπος	L 65
συλλέγω	L 55	τέρας	L 58	τροφή	L 58
συμφέρει	L 63	τέσσαρα	L 19	τυγχάνω	L 70
συμφέρον	L 63	τέσσαρες	L 19	τύπος	L 61
συμφέρω	L 63	τεσσαρεσκαι-		τύπτω	L 61
συμφέρων	L 63	δέκατος	L 68 §	Τύρος	L 4
σύν	L 6	τεσσεράκοντα	L 56	τυφλός	L 28
συνάγω	L 17	τεσσερακοστός	L 68 §	τυχόν	L 70
συναγωγή	L 17	τέταρτος	L 68 §	ὑγιαίνω	L 70
σύνδουλος	L 10	τετράκις	L 68 §	ὑγιής	L 70
συνέδριον	L 50	τετρακισχίλιοι	L 69 §	ὕδωρ	L 15
συνείδησις	L 37	τετρακόσιοι	L 69 §	υἱός	L 2
συνεργός	L 51	τηρέω	L 20	ὑμεῖς	L 7
συνέρχομαι	L 45	τίθημι	L 17	ὑμέτερος	L 22
σύνεσις	L 58	τίκτω	L 38	ὑπάγω	L 13
συνέχω	L 46	τιμάω	L 33	ὑπακοή	L 45
συνίημι	L 58	τιμή	L 33	ὑπακούω	L 45

ὑπαντάω	L 67	Φίλιππος	L 31	χοῖρος	L 54
ὑπάρχω	L 27	φίλος	L 42	χορτάζω	L 57
ὑπέρ	L 7	φοβέομαι	L 11	χόρτος	L 57
ὑπηρέτης	L 51	φόβος	L 11	χράομαι	L 36
ὑπό	L 7	φονεύω	L 61	χρεία	L 36
ὑπόδημα	L 70	φόνος	L 61	χρηστότης	L 70
ὑποκάτω	L 55	φρονέω	L 43	χριστός	L 2
ὑποκριτής	L 29	φρόνιμος	L 43	χρόνος	L 9
ὑπομένω	L 37	φυλακή	L 25	χρυσίον	L 53
ὑπομονή	L 37	φύλαξ	L 25	χρυσός	L 53
ὑποστρέφω	L 27	φυλάσσω	L 25	χρυσοῦς	L 53
ὑποτάσσω	L 34	φυλή	L 37	χωλός	L 28
ὑστερέω	L 57	φύσις	L 60	χώρα	L 38
ὕστερον	L 35	φυτεύω	L 60	χωρέω	L 38
ὕστερος	L 35	φωνέω	L 40	χωρίζω	L 40
ὑψηλός	L 57	φωνή	L 3	χωρίον	L 38
ὕψιστος	L 57	φῶς	L 15	χωρίς	L 40
ὕψος	L 57	φωτίζω	L 70	ψεύδομαι	L 68
ὑψόω	L 57	χαῖρε	L 13	ψευδοπροφήτης	L 68
φαίνομαι	L 25	χαίρω	L 13	ψεῦδος	L 68
φαίνω	L 25	χαρά	L 13	ψεύστης	L 68
φανερός	L 42	χαρίζομαι	L 54	ψυχή	L 8
φανερόω	L 13	χάρις	L 15	ὦ	L 40
Φαρισαῖος	L 11	χάρισμα	L 15	ὧδε	L 12
φείδομαι	L 70	χείρ	L 16	ὥρα	L 8
φέρω	L 13	χείρων	L 36	ὡς	L 9
φεύγω	L 33	χήρα	L 38	ὡσαύτως	L 56
φημί	L 65	χιλίαρχος	L 56	ὡσεί	L 54
Φῆστος	L 61	χιλιάς	L 56	ὥσπερ	L 9
φιάλη	L 61	χίλιοι	L 56	ὥστε	L 28
φιλέω	L 42	χιλιοστός	L 69 §	ὠφελέω	L 60
φιλία	L 42	χιτών	L 70		

Verzeichnis der Wortfamilien und Zusammenstellungen von Komposita

ἀγγέλλω	L 30	εἰμί	L 53	κρίνω	L 46
ἄγω	L 52	εἶμι	L 65	λαμβάνω	L 52
ἀλλά	L 28 §	ἔργον	L 51	λέγω	L 55
βαίνω	L 14	ἔρχομαι	L 10, 45	νοέω	L 48
βάλλω	L 66	ἔχω	L 46	οἶδα	L 50
γίνομαι	L 48	ἵημι	L 58	πληρόω	L 62
γινώσκω	L 48	ἵστημι	L 59	στέλλω	L 46
δίδωμι	L 57	καλέω	L 67	τίθημι	L 56

Verzeichnis der Bibelstellen

Mt 1,25	L 27	Mk 6,44	L 69	Joh 6,59	L 30
Mt 2,4	L 22	Mk 8,31	L 39	Joh 7,6	L 53
Mt 2,9	L 63	Mk 9,17	L 39	Joh 7,27	L 22
Mt 2,10	L 67	Mk 11,1	L 19	Joh 8,23	L 9
Mt 2,20	L 10	Mk 12,29	L 19	Joh 8,31	L 46
Mt 3,17	L 8	Mk 12,32	L 37	Joh 8,52	L 59
Mt 4,25	L 27	Mk 14,22	L 15	Joh 8,53	L 39
Mt 5,3	L 28	Mk 14,24	L 15	Joh 9,5	L 41
Mt 5,27 f	L 61			Joh 10,3	L 6
Mt 5,37	L 40	Lk 2,10	L 22	Joh 10,8	L 22
Mt 5,48	L 41	Lk 2,49	L 13	Joh 10,37	L 18
Mt 6,33	L 11	Lk 3,4	L 44	Joh 11,27	L 46
Mt 9,13	L 39	Lk 4,3	L 34	Joh 13,34	L 28
Mt 9,14	L 10	Lk 4,22	L 18	Joh 13,36	L 35
Mt 10,2	L 19	Lk 6,27	L 29	Joh 14,6	L 18
Mt 11,10	L 24	Lk 6,46	L 22	Joh 14,23	L 20
Mt 12,2	L 33	Lk 8,49	L 30	Joh 14,27	L 58
Mt 12,23	L 18	Lk 9,28	L 54	Joh 15,3	L 46
Mt 14,2	L 10	Lk 10,1	L 47	Joh 15,13	L 58
Mt 15,29	L 12	Lk 10,7	L 14	Joh 15,15	L 18
Mt 16,11	L 12	Lk 10,29	L 57	Joh 16,26	L 20
Mt 16,18	L 9, 21	Lk 10,39	L 8	Joh 18,31	L 33
Mt 18,2	L 63	Lk 11,2	L 22,51	Joh 19,22	L 51
Mt 18,12	L 20	Lk 15,31	L 19	Joh 20,17	L 31
Mt 19,12	L 38	Lk 16,6	L 32		
Mt 19,26	L 23	Lk 19,42	L 8	Apg 1,1	L 40
Mt 21,34	L 38	Lk 21,31	L 24	Apg 1,8	L 21
Mt 22,33	L 51	Lk 22,54	L 52	Apg 4,4	L 69
Mt 24,3	L 22	Lk 23,18	L 60	Apg 8,17	L 59
Mt 25,34	L 66	Lk 23,21	L 13	Apg 9,42	L 27
Mt 26,25	L 60	Lk 24,10	L 29	Apg 13,13	L 27
Mt 27,11	L 63	Lk 24,36	L 63	Apg 19,2	L 27
Mt 27,40	L 18			Apg 19,16	L 22
Mt 27,64	L 36	Joh 1,3	L 40	Apg 23,3	L 22
Mt 27,63	L 19	Joh 1,4	L 15	Apg 24,1	L 19
		Joh 1,42	L 39		
Mk 1,6	L 61	Joh 2,4	L 43	Röm 2,10	L 33
Mk 1,34	L 59	Joh 2,13	L 34	Röm 8,14	L 22
Mk 2,13	L 33	Joh 2,19	L 53	Röm 9,6	L 22
Mk 5,18	L 41	Joh 3,18	L 10	Röm 11,25	L 41
Mk 5,40	L 22	Joh 4,49	L 65	Röm 13,8	L 28
Mk 6,1	L 11	Joh 5,16	L 34	Röm 15,25	L 45
Mk 6,7	L 59	Joh 5,30	L 27		
Mk 6,30	L 52	Joh 5,32	L 12	1Kor 1,2	L 30

1Kor 4,10	L 43	2Thess 3,10	L 25	Jak 5,16	L 28
1Kor 4,17	L 19				
1Kor 10,22	L 35	Kol 3,24	L 6	Offb 1,4	L 19
1Kor 13,5	L 29			Offb 3,7	L 8
1Kor 13,8	L 43	Hebr 10,9	L 42	Offb 3,20	L 63
1Kor 15,4	L 69			Offb 4,8	L 5
2Kor 11,30	L 31	1Tim 3,1	L 23	Offb 5,2	L 30
				Offb 11,10	L 28
Gal 2,16	L 13	1Joh 2,8	L 24	Offb 12,1	L 39
Gal 5,13	L 39	1Joh 2,15	L 12,18	Offb 13,18	L 69
		3Joh 1,5	L 64	Offb 14,2	L 27
1Thess 5,11	L 42			Offb 16,15	L 10
1Thess 5,15	L 28	1Petr 2,10	L 22	Offb 22,3	L 38
				Offb 22,13	L 23

Literaturhinweise zur Vertiefung

1. Lehrbücher

R. Schoch, Griechischer Lehrgang zum Neuen Testament, UTB 2140, Tübingen ²2013

G. Steyer, Handbuch für das Studium des neutestamentlichen Griechisch, 2 Bände; Band I (Formenlehre): Berlin 1962; Band II (Satzlehre): Leipzig ⁵1992

2. Wortschatz

R. E. van Voorst, Building your New Testament Greek Vocabulary, Grand Rapids, Michigan 1990

3. Wörterbuch

W. Bauer – K. und B. Aland, Griechisch-deutsches Wörterbuch zu den Schriften des Neuen Testaments und der frühchristlichen Literatur, Berlin – New York ⁶1988

4. Grammatiken

F. Blass – A. Debrunner – F. Rehkopf, Grammatik des neutestamentlichen Griechisch, Göttingen ¹⁷1990

E. G. Hoffmann – H. von Siebenthal, Griechische Grammatik zum Neuen Testament, Riehen ²1990

H. von Siebenthal, Kurzgrammatik zum griechischen Neuen Testament, Gießen 2005

D. B. Wallace, Greek Grammar Beyond the Basics, Grand Rapids, Michigan 1996

5. Hilfsmittel

W. Haubeck – H. von Siebenthal, Neuer sprachlicher Schlüssel zum griechischen Neuen Testament, 2 Bände; Band I (Matthäus–Apostelgeschichte): Gießen 1997; Band II (Römer–Offenbarung): Gießen 1994

Elektronische Hilfsmittel:

BibleWorks 6 for Windows, Norfolk, Virginia 2003
Stuttgarter Elektronische Studienbibel (SESB), Stuttgart 2004

6. Sonstiges

M. Reiser, Sprache und literarische Formen des Neuen Testaments, UTB 2197, Paderborn 2001

Eine umfangreiche kommentierte Literaturliste findet sich in: H. von Siebenthal, Kurzgrammatik zum griechischen Neuen Testament, Gießen 2005, S. 156–158.

Abendmahl
Herausgegeben von Hermut Löhr

Lebendiges »Sakrament der Einheit« oder Zankapfel der Konfessionen? Das Abendmahl (oder die »Eucharistie«) ist von Anfang an zentrales Erkennungs- und Identitätsmerkmal des Christentums.
Der Band widmet sich den historischen Ursprüngen, den unterschiedlichen Bedeutungszuschreibungen, den damit verbundenen Kontroversen wie auch der Vielfalt gegenwärtiger Formen des Abendmahls. Darüber hinaus bietet er aus evangelisch-theologischer Sicht eine Antwort auf die Frage, wie die Gegenwart Christi im Mahl heute verstanden werden kann. Der Bezug auf die Mahlfeiern Israels (u.a. die Pesach-Nacht) und andere Mahlfeiern der Antike (z. B. Symposien und Vereinsmähler) ergänzen das Bild in religions- und kulturwissenschaftlicher Perspektive.
Die Darstellung vermittelt so in verständlicher Form ein umfassendes Bild der gegenwärtigen theologischen wie außertheologischen Forschungen zum Abendmahl und gibt zahlreiche Hinweise zur weiteren Beschäftigung mit dem Thema.

Mit Beiträgen von:
Stefan Beyerle, Corinna Dahlgrün, Volker Leppin, Hermut Löhr, Notger Slenczka

2012. XI, 257 Seiten
(UTB S 3499/ Themen der Theologie 3).
ISBN 978-3-8252–3499-7
Broschur

Mohr Siebeck
Tübingen
info@mohr.de
www.mohr.de

Gerechtigkeit
Herausgegeben von Markus Witte

Der Band bietet eine Einführung in das theologische Nachdenken über »Gerechtigkeit«. Dabei werden aus der Perspektive der verschiedenen Disziplinen der evangelischen Theologie (Altes Testament, Neues Testament, Kirchengeschichte, Systematische Theologie, Religionswissenschaft, Praktische Theologie), ergänzt um die altorientalische Rechtsgeschichte, theologiegeschichtliche Entwicklungen, historische Kontexte und gegenwärtige Bereiche der Thematisierung von »Gerechtigkeit« dargestellt. Die eng aufeinander bezogenen Artikel namhafter Autorinnen und Autoren werden von einer Übersicht über zentrale Begriffe (Recht, Rechtfertigung, Gnade, Barmherzigkeit, göttliches Gericht, Theodizee) und wesentliche Fragestellungen eines theologischen Gerechtigkeitsdiskurses sowie einer die Einzelbeiträge kritisch weiterführenden Zusammenfassung gerahmt.

Mit Beiträgen von:
Bärbel Beinhauer-Köhler, Lukas Bormann, Elisabeth Gräb-Schmidt, Volker Leppin, Guido Pfeifer, Ursula Roth, Markus Witte

»Die Annäherung aus verschiedenen theologischen Blickwinkeln macht die Lektüre sinnvoll und empfehlenswert.«
Carsten Rensinghoff *www.socialnet.de/rezensionen/13550.php* (07/2012)

2012. XII, 239 Seiten
(UTB S 3662; Themen der Theologie 6).
ISBN 978-3-8252-3662-5
Broschur

Mohr Siebeck
Tübingen
info@mohr.de
www.mohr.de

Schöpfung
Herausgegeben von Konrad Schmid

Im Horizont ökologischer Krisen, aber auch der Kreationismusdebatte ist Schöpfung in den letzten Jahrzehnten zu einem vielverhandelten theologischen Thema geworden. Der Begriff der Schöpfung hat darüber hinaus auch Anwendung in Kontexten außerhalb von Theologie und Kirche gefunden. Die nicht selten anzutreffende Bestimmung der Welt als Schöpfung im Sinne von zu bewahrender Umwelt greift allerdings meistens zu kurz und erschließt die Sinndimensionen theologischer Rede von Schöpfung nur unzureichend. Umgekehrt leidet der theologische Gebrauch des Schöpfungsbegriffs oft an einer vorschnellen Verabschiedung seines konkreten Weltbezugs.
Die Autoren der hier gesammelten Beiträge zeigen Wege auf, wie aus der Perspektive theologischer Einzeldisziplinen, aber auch in zusammenschauender Weise Schöpfung in theologisch angemessener Weise und zugleich öffentlich vermittelbarer Form gedacht werden kann.

Mit Beiträgen von:
Reiner Anselm, Matthias Konradt, Martin Rothgangel, Konrad Schmid, Anselm Schubert, Annette Zgoll

»Fazit: Eine gelungene fachwissenschaftliche Grundlage für alle Religionslehrkräfte, die in der Schule das Thema Schöpfung behandeln.«
Thomas Bernhard *http://lbib.de/query.php?id=69004* (05/2012)

2012. X, 357 Seiten
(UTB S 3514; Themen der Theologie 4).
ISBN 978-3-8252–3514-7
Broschur

Mohr Siebeck
Tübingen
info@mohr.de
www.mohr.de

Taufe
Herausgegeben von Markus Öhler

Die Taufe ist jenes Ritual, das die meisten Menschen selbst erlebt haben. In einer Zeit religiöser Ausdifferenzierung teilen sie oft das Wissen um das eigene Getauftsein und immer noch lassen sehr viele Menschen ihre Kinder taufen. Die Diskussion darüber, was denn die Taufe überhaupt sein soll, wie sie wann und durch wen geschehen soll und warum sie wichtig ist, ist ungebrochen lebendig. An dieser Debatte beteiligt sich Markus Öhler mit Hilfe dieses von ihm herausgegebenen Bandes: Alttestamentlich-judaistische, neutestamentliche und kirchengeschichtliche Erörterungen legen die biblischen und historischen Grundlagen für dogmatische und praktisch-theologische Ausführungen. Ebenfalls enthalten ist eine religionswissenschaftliche Analyse der Taufe als Ritual. Mit diesen Überlegungen geben die Autoren und Autorinnen des Bandes Orientierungen im Gespräch und zugleich Impulse für neues theologisches Nachdenken über die Taufe und ihren Vollzug in der kirchlichen Praxis.

2012. XI, 262 Seiten
(UTB S 3661; Themen der Theologie 5).
ISBN 978-3-8252-3661-8
Broschur

Mohr Siebeck
Tübingen
info@mohr.de
www.mohr.de